最強コンセプトで独立起業をラクラク軌道に乗せる方法

起業1年目で
年収1,000万円を超える!
広告業界・企画のプロの
“コトバの法則”

芳月健太郎 著

セルバ出版

はじめに

「あの大ヒットは、コンセプトの勝利だよね」

時々、こんなセリフを耳にして、なるほど確かにそうだなと感じたことはありませんか。

また、一生懸命考えた企画をプレゼンしたら、「結局、この企画のコンセプトは何？」と怪訝な顔をされてしまったり、会議でアイデアはいろいろと出るものの一向にまとまらないということも、あなたは既に経験済みかもしれません。

何かをカタチにしようとするとき、頭の中には様々なイメージが行き来します。

例えば、新しいセミナーをやろうと考えるとき、セミナーのテーマ、タイトル、来て欲しい人の層、会場の広さ、進行、ワーク、告知ツール、受付等々、様々なことを考えなければなりません。

また、飲料の新商品を考える場合でも、ジャンル、その商品の売り、パッケージ、ターゲットなど、飲み物1つとってもたくさんのことを決めていかなければなりません。

では、それを誰かに伝えるとき、一体、何から伝えたら一番効率よく理解してもらえるでしょう？

「このセミナーとは、要は何か」を一言で言い表す言葉、その魅力を一発で表す言葉、その一言でセミナーの全体像がイメージできる言葉…。

そうです、それがコンセプトです。

言い換えれば、セミナーでも、商品でも、何かの企画事は、「要はこういうこと」と、まず言えなければ、それを人に理解させることは極めて困難になるということです。

人に伝わらなければ、お客様が集まらないことはもちろん、協力も取りつけられなければ、上司の承認も得られない、事業であれば投資家を説得することもできないわけです。

私は、広告会社でクライアントの「要は何？」を言い表すことを数え切れないくらいやってきました。

広告、キャンペーン、イベント、マーケティング戦略、商品開発、リサーチなど、これらの仕事はすべて、仕事が発生するときには〝何もない状態〟です。あるのは、その仕事をお願いする人の頭の中にあるイメージや想いだけ。

そのイメージや想いから、一番大事で、その一言でおおよその内容がつかめる言葉を探し出し、「コンセプト」という短い表現で、多くの関係者を動かす仕事をしていました。

そして、現在、私は、独立して個人起業家や経営者、またそれを目指す人のコンセプトづくりを一緒に考える仕事をしています。広告会社で「モノ」のコンセプトを考えていたのに対し、今は「ヒト」のコンセプトを考えるという違いはありますが、その考え方や考える手順は全く一緒です。

違いがあるとすれば、対象がヒトなので、当人の感情が入る余地が大きいことです。

それが売れそうなことはわかってもモチベーションが上がらない、そのコンセプトでよいはずだったのにいざ行動しようとすると体が動かなくなる等、ヒトのコンセプトは、モノよりも深く、複雑です。

しかし、いずれにしても、あなたがこれから独立の準備を始める、あるいは既に自分が商品となる仕事で、これまでの活動を改めてコンセプトにまとめる必要があるとすれば、本書はとても役立つはずです。なぜなら、コンセプトに関する本はたくさんあっても、対象がヒトのコンセプトで、さらに、コンセプトをつくる手順までを示した本は見当たらないはずだからです。

本書では、私が広告会社で経験したコンセプトワークのことを、個人レベルに応用したノウハウを余すことなく公開していきます。

コンセプトの全体構造、強みの見つけ方、アイデアを言葉にするワザ、そして創造性を高める習慣からコンセプトを生み出す姿勢や心構えまで、コンセプトを生み出すのに必要なことをすべて網羅したつもりです。

自分の強みをカタチにすることはもちろん、独立起業、散らかってしまった仕事の統合、リ・ポジショニングまで、幅広く使えます。

本書が、新しいあなたご自身の創造に役立てば、私もとても嬉しく思います。

ぜひ、最後まで楽しんで読んでください！

２０１８年１月

芳月　健太郎

最強コンセプトで独立起業をラクラク軌道に乗せる方法
―起業1年目で年収1,000万円を超える！ 広告業界・企画のプロの〝コトバの法則〟 目次

第4章 コンセプトワードの探し方

第5章　本当のコンセプトになる3ステージ

第6章　最強コンセプトに必要なチカラの養い方

第 1 章

コンセプトとは何か

モノもヒトもコンセプトから始まる

コンセプトを具体化するまでの期間とは

あなたが、普段、何気なく手にしている商品は、誰が、いつ、何をきっかけに、どうやってできていくのか、ご存じでしょうか。

私が勤めていた広告会社というのは、既にある商品の広告宣伝をするだけでなく、クライアントの商品開発やコンセプト開発にも深くかかわります。

開発担当者がコンセプトのヒントを求めていれば、それに関連する資料を集めたり、そのコンセプトの受容性を確かめる調査を企画提案したり、一緒になってコンセプトフレーズを考えることもあります。

当然、その段階では、商品イメージはもちろん、その商品の強みや特徴も、ネーミングも、パッケージも何もありません。

開発担当者の頭の中ですら、漠然としたイメージがあるだけです。

「こんな感じのモノができたら、こういう人達は喜んでくれるかも…」といった、「こんな感じ」というくらいに漠然としています。

そんな状態から、まず、仮説をつくるわけですが、その仮説は、「コンセプト文」というおおよそ１００文字～１５０文字程度のフレーズにまとめます。

そのフレーズをいくつかつくり、それを調査にかけ、そこからネーミング、パッケージ、中身をつくって、また調査にかけ、試作品をつくって、また調査にかけ、合格点が取れたモノだけが新商品候補となります。

新商品候補となるまでの期間は、モノによって様々です。

私が携わった飲料やお酒では、飲料であれば数か月～1年、お酒は1年～数年かかるモノもあります。

なぜ、それだけの期間を要するかというと、新商品が世に出たとき、できる限り売れる確率を上げた状態にする、つまり、売れるコンセプトとしてある程度証明された状態にしておく必要があるからです。

つまり、この商品開発期間というのは、「売れるコンセプト」の仮説検証期間とも言えるわけです。

ヒトの場合はどのように考えるか

では、今度は、モノではなく、ヒトで見てみましょう。

仮に、あなたが、これから個人起業家として独立を志すとします。

独立の準備期間を商品開発期間として、晴れて独立できるまで、一体、どれくらいの期間を要するモノでしょうか。

私の経験や著名なコンサルタントの見解を総合すると、その「商品開発期間」は、大体、2年〜4年を要するようです。

その前に、何をもって独立するのかと言えば、ここでは、コンサルティング、コーチング、セラピーといった対人支援の仕事で独立することを前提とします。

なぜかというと、このような自分が商品となる仕事は、過去の経験が生かせ、資本金もほとんど要らず、在庫リスクもないことから、誰でも会社勤めのうちから準備することができるからです。

しかし、すぐに目指すといっても、前述のとおり、独立には2年〜4年はかかってしまいます。

なぜ、そんなにかかるのかというと、

・対人支援スキルのインプット
・自分の強みを見出して、対人支援スキルと融合したコンセプトのつくり込み
・そのコンセプトを軸にしたビジネス基盤の構築

に時間を要するからです。

実際、私も、ほぼこの内容のとおりに時間がかかり、独立を決意して実際に独立するまで約2年半、対人支援のスキルはその前から学んでいたので、それも合わせると大体3年半かかっています。

また、既に独立してビジネスをやってはみたが、次の成長ステージに乗るために、コンセプトを変えたり、新たなポジションに移行しようとするときも、新しいコンセプトの開発とその具体化にはほぼ同じくらいの時間を要します。

というのも、既存の仕事を回しながらの作業で時間が中々取れない、次のコンセプトが思うような反応が得られないなど、思いの外、開発は時間がかかるものなのです。

このように、世にあるヒット商品も、各方面で活躍している個人も、すべては「コンセプトを決めて、まずはそれを具体化する」という段階から始まっているということです。

よいコンセプトとは何か

よいコンセプトをつくるための評価軸

きっと、あなたも、様々なモノやヒトのコンセプトを見て、「あ！　いいかも！」と感じたり、あるいは「何かピンと来ないな」など、無意識にいろいろと感じていると思います。

コンセプトをつくる側からすれば、当然「よい」と感じて欲しくてつくっているわけですが、では、この「よい」と感じるというのは、一体、どんな心理なのでしょう。

結論から言うと、「よい」と感じるのは、

・そのコンセプトが潜在化した望みを叶えられると感じて（申し込みたいと感じて）、かつ、
・そのコンセプトがありきたりではなく、新しい、今までにないと感じる

ことです。

それは、図表1のように表すことができます。

〔図表１　コンセプト評価軸〕

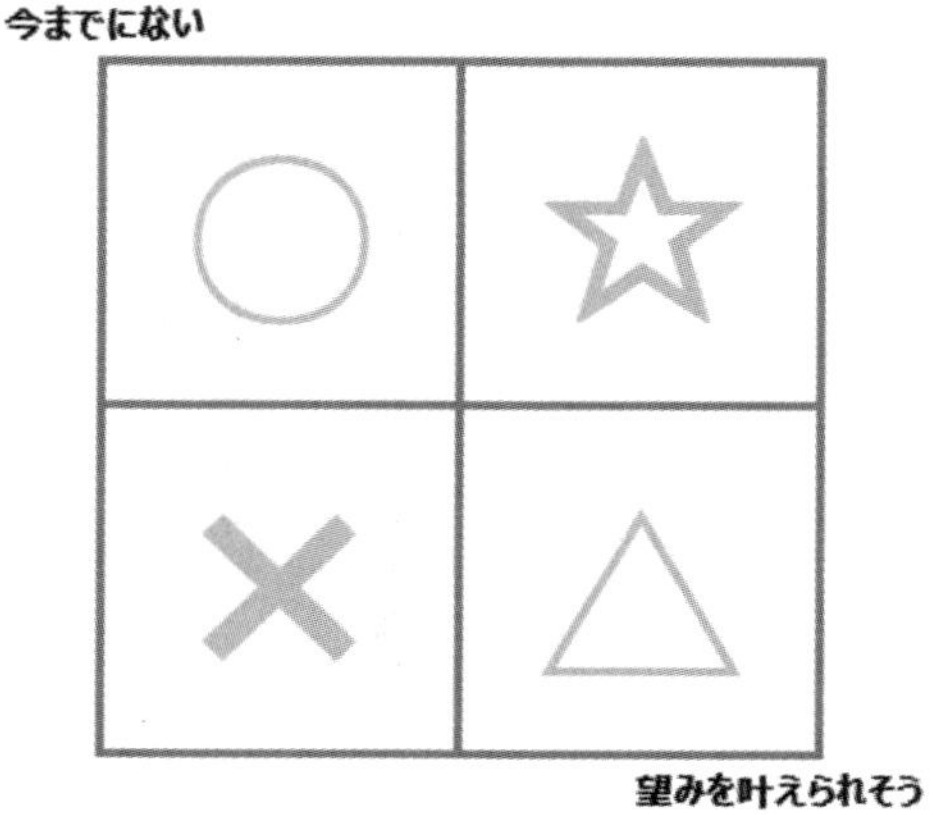

まず、横軸の「望みを叶えられそう」ですが、これは人が何かにお金を払うのは、何かの望みが叶いそうだからということはおわかりだと思います。

また、人の望みというのは、単純なもので、大体、次の中に収まります。

それは、「お金が欲しい」「頭がよくなりたい」「モテたい」「キャリアで成功したい」「好奇心を満たしたい」「人間関係を育みたい」「健康や活力を得たい」「自分と深くつながりたい」「家族と仲よく暮らしたい」「勝負に勝ちたい」くらいです。

世の中にあるサービスは、ほぼこの中に入ります。

例えば、個人ビジネス支援のコンサルティングなどは、「お金が欲しい」という欲求に訴えるものが多く、コピーなども「月収○○を達成！」といったコピーがふんだんに使われます。

また、難関試験突破の勉強法を伝えるものは、「頭がよくなりたい」欲求に訴え、キャリアコンサルティングやＭＢＡが取得できるビジネススクールでは、「キャリアで成功したい」という欲求に訴えています。

もし、あなたが個人で何かサービスをやろうとするときは、これらのいずれかの欲求を実現できるコンセプトができれば、まず横軸の右側にプロットできるということです。

今までにないことが難しい

では、今度は、縦軸の「今までにない」はいかがでしょう？

望みを叶えることとは違って、こちらは一筋縄ではいかないはずです。

まず、大体、どんな分野でも先行者が既にいるため、「今までにない」ようなコンセプトというのは、中々つくれるものではありません。

したがって、皆、少しでも違いを生み出そうとして、「今までにないもの」と思ってもらうようなアイデアを練るのです。

つまり、よいコンセプトとは、「望みが叶えられて、今までにない」と感じさせる図表1の「☆」のゾーンに位置するものです。

ちなみに、望みが叶えられそうだが、ありきたりと感じるモノは、同様のサービスの中に埋没しがちで（図表1では「△」）、「今までにない新しさはあるが、望みが叶えられそうかわからない」

ものは、ニッチ、トリッキー、奇をてらったものになりがちです（図表1では「◯」）。

なぜ、ニッチ、トリッキー、奇をてらったモノのほうが◯なのかというと、そのコンセプトがすぐに買われなくても、その後、実績を積み上げるなどして、「望みを叶えられそう」に軌道修正をすればよいからです。

今までにないものを出すことのほうが遙かに難しいので、欲求を満たすだけのものよりはよい、ということなのです。

最高のコンセプトを生み出すとあなたの人生は変わる！

あなたにとって最高の働き方を実現するのもまずはコンセプトから！

私は、広告会社で経験した商品コンセプトの開発手順をヒトに応用した「ライフワーク起業」というコンセプトをつくった結果、独立することができました。

お陰さまで、今では、家族との時間を大切にし、睡眠をしっかり取りながら、自分のペースで仕事ができるようになり、まさに、制約だらけの人生が様変わりしました。

また、私も、私の周りでもそうでしたが、コンセプトが当たれば、サラリーマンから独立して、貯金を一切減らすことなく、起業1年目で年収1，000万円以上を稼ぐことも十分可能です。

さらに、私の場合、特によかったことは、子供と接する時間が格段に増えたことです。

うちは、妻も企業で管理職としてフルタイムで働いていますが、私が時間の制約をあまり受けずに仕事ができるようになったため、子供の保育園や学童の送り迎えはもちろん、平日でも家族揃って夕食を取れるようになりました。

もし、私がそのまま会社勤めを続けていたら、このようなライフスタイルは絶対に不可能でした。それどころか、やりたいことを実行に移せない鬱屈した気持ちを抱えたまま、家事の分担で家庭の言い争いは増え、子供との想い出も中々つくれないときを過ごしていたかもしれません。

また、収入は、頭打ちで、将来の希望も見えず、ただ老いていくだけだったかもしれないのです。

それが、「ライフワーク起業」というコンセプトをつくって実践した結果、まるでオセロが土壇場で反転するかのように、人生が変わったのです。

独立して改めて思いますが、いくら働き方改革が叫ばれたところで、納得いく仕事人生を送るためには、自分で自分の人生を切り拓く以外に手はありません。

それは誰が与えてくれるわけでもなく、まさに自分で生み出さなければなりません。

その最初に手をつけるところがコンセプトであり、そのコンセプトをもとにして行動していくのです。

人生を変えるには、それだけのことを実行に移す必要があります。

そして、その実行は、あなたが何を持って、誰を助ける活動をしていくのかを決める「コンセプト」から始まるのです。

自分の人生を生きようと覚悟したときがコンセプトを考えるタイミング

私の話が続きましたが、私以外でも、事前にしっかりとコンセプトを決めて、実践を積んで独立する人もたくさんいます。

・人事異動先の部署でしっかりとコンセプトを練り上げて、半年後に独立し、セッションや自主開催のワークショップが予約でいっぱいになったセラピスト
・定年を前にコンサルティングスキルを身につけ、講師や企業研修で忙しいコンサルタント
・専業主婦のうちにコンセプトを磨き上げ、ブログ開設半年で10件以上の申込みを獲得し、その後プロとして活躍している心理セラピスト

いずれの人も皆、独立に先立って、自分の強みを徹底的に棚卸し、どんな人に役立てるのかを徹底的に考えて実行した結果、人生が変わったのです。

また、既に十分な実績がありながらも、次のビジネスに向けてコンセプトを練り直して、新たなポジションを切り拓いている人達もいます。

・数か国語を操りながら、貿易の専門知識で独立し、企業顧問や勤めた会社からも仕事を獲得。その後、その独立ノウハウを個人向けに展開しているコンサルタント
・シニア向けの健康教室で独立した後、ずっと好きだったランニングのコーチに軸足を移し、シニアを次々とフルマラソン完走に導いているコーチ
・独自の医療コミュニケーションスキルをまとめた商品開発に加え、そのノウハウを著作にまとめ、

個人ブランドを再活性化させたＮＬＰトレーナー

コンセプトは、１度つくったら終わりではなく、むしろつくったコンセプトを実践に移し、その経験と自身の進化に対応した新たなコンセプトの必要に迫られたりします。

このように、自分のコンセプトとは、自分の人生を生きよう！　と決意してつくるタイミングもあれば、それをさらに進化させる段階でも必要になるわけです。

コンセプトを見て「あ！　いいな！」と感じるメカニズムとは

コンセプトはインパクト重視でつくろう！

よいコンセプトは、「望みが叶えられそう」と「今までにない」を満たすこととお話しました。

また、「今までにない」「新しい」を生み出すほうが難しいこともおわかりいただいたと思います。

ここでは、「今までにない」「新しい」をどうやって生み出すか？　をもう少し掘り下げてみたいと思います。

まず、コンセプトをつくるときに、多くの人が陥りがちなのは、そのコンセプトが、

・それなら十分にできそうだと思える

・それができればインパクトは出るが、今の自分ではそれが提供できるかどうか不安の間で揺れ動くことです。

こういう場合、多くの人が十分にできそうなものをコンセプトにしがちですが、これだと、まず無難なコンセプトになります。

無難というのは、他とそれほど代わり映えしないからそう思われるのであって、これだと多くの場合は選んでもらえません。したがって、まず、コンセプトをつくるときは、少々無理目でも、インパクト重視で言葉をつくることです。

たとえコンセプトをつくったとき、その期待に応えるのが少々難しいとしても、その後、すぐに人は進化します。地位が人をつくるとよく言われますが、まさにそのとおり、コンセプトが人をつくるのです。

このような両者の間に揺れるときは、「ギリギリ何とか可能なレベル」のコンセプトにするように、私はよくクライアントにおすすめしています。

人が新しさを感じる5つの問い

コンセプトには新しさが必要とお話ししましたが、では、どうやったら新しさを生み出すことができるのでしょうか。

新しさを考えるとき、次の5つの問いが便利なのでご紹介しておきます。

①　難しいことをシンプルにするには？

キャスターの池上彰さんは、政治経済の難しい問題をわかりやすく解説することで人気が出ましたが、まさに難しいものをシンプルにしたよい例です。

難しいことは、それだけで人にストレスを与えます。したがって、あえて人が難しいと感じることを見つけて、それをシンプルにできるかどうか考えてみてください。

時々見かける、「早わかり○○術」「○○は、これだけ覚えれば大丈夫！」というものは、このシンプルさを狙ったコンセプトです。

② 不便なものを便利にできないか？

これは、コンビニがよい例ですが、例えばパソコン操作の個人サポートサービスなどもここに入ります。

また、ＩＴを使ったグループワークや複雑な何かの手順を動画でわかりやすくするなど、ＩＴを活用して便利さを打ち出すのも、よく見られる新しさの開発です。

③ 非生産的なことを生産的にできないか？

これは、書類が手書きだった時代のワードやエクセルなどに当たります。個人で言えば、単純作業や事務作業などを請け負う事務代行などがこの範疇です。

④ もっと低リスクにできないか？

これは、例えば、個人向けの福利厚生制度などがそれです。会社員と違って個人は、福利厚生がほとんどないことを受けて、法律上の損害賠償や納期遅延、また病気やケガによる所得補償など、個人起業家のリスクを軽減するユニークな制度です。

このようなリスクを低リスクにすることも、「今までにない新しさ」を感じさせる要素です。

⑤ もっと楽しいイメージを出せないか？

これは、最近で言えば、小学生向けの漢字ドリル「うんこドリル」がすぐに思い浮かびますが、反復練習のつまらなさを笑いに変える画期的な試みです。つまらない、退屈、苦行が当たり前に思われていることを楽しくすると新しさにつながります。

ちなみに、子供向けの教育コンテンツには、このような工夫が随所に見受けられます。

この5つの問いの出所は、「ブルーオーシャン戦略」という有名な戦略論ですが、あと1つ、「環境に優しくないものを環境に優しいものにできないか？」という問いがあります。

この事例は、すぐには思い浮かびませんが、近いものとして「パリの街のゴミ拾い」が挙げられます。

これは、街はキレイにするのが当たり前の日本人が、最初は東京の表参道ではじめたボランティアでした。

そして、この活動をパリ在住の日本人が始めたところ、最初は怪訝な顔をしていたパリジャンも段々と受け入れるようになり、今では世界の主要都市で広がったという話です。

環境に優しくした事例というよりは、「当たり前を当たり前ではないところで展開できないか？」という問いのほうが正しいかもしれませんが、環境というテーマも、新しさを考える上で重要なテーマと言えるでしょう。

「強みの上に築け」とは強みをコンセプトに変えて創造せよという意味

「強みを１００％発揮できるコンセプトで仕事をする」という信念を持つ

「強みの上に築け」とは、ドラッカーの名言の１つです。

人でも企業でも、強みに集中して得手を伸ばせという意味ですが、当然、コンセプトを考えるときも、まず強みから発想します。

このように書くと、多くの人が当たり前だと言いますが、実際は、そんな単純にはいかないようです。

よくあるのが、自分の強みは横に置いて、それが儲かるからやるとか、周りがやるから自分も何となくその道を選ぶというものです。

もちろん、最初から自分の強みはこれ！　と確信できる人は中々いないので、儲かるから、流行っているから、周りがやるからという理由が、すべて悪いとは言いません。

また、自分の強みではない道を選んだからこそ、自分の強みに気づくということだってあります。

要は、自分の強みは、日々の仕事や役割の向き不向き、自然とできてしまうことを常に振り返り、経験を積みながらやっとわかってくる場合が多いということです。

したがって、たとえ今、強みとはかけ離れた仕事をしているとしても、「自分の強みを１００％

発揮できるコンセプトで仕事ができる」という信念を持つことがまず大事です。

人によって、それがすぐ実現する人もいれば、しばらく時間がかかる人もいます。

その時間軸は、人それぞれ。しかし、それが早いうちから訪れないと意気消沈することは、ナンセンスです。

私のクライアントの中にも、子供を亡くすという辛い経験がその後のセラピーに役立っている人、ウツで苦しんだ経験が後のカウンセリングに生きている人、また、会社員時代に思うような適材適所がなされず、いつも損な役回りで苦労した人が、その想いを原動力に独自のコンサルティングプログラムに辿り着いたケースだってあるのです。

辛い渦中にいるときはわかりませんが、不幸は、強みを１００％発揮するコンセプトで生きると決めた途端、財産に変わります。何事も考え方次第ということです。

強みはわかっただけではダメ

強みを見つけることはとても重要なことですが、強みはわかっただけでは、まだ価値ではありません。

強みは、コンセプトという形に変えて、人々の期待を高め、そしてその期待に応えるビジネスを創造することによって、初めて価値になります。

また、強みは、１人の中にいくつかあるものだし、その発揮場所によって強みが一層輝くこともあれば、その逆もあります。

強みの見つけ方については、第2章で詳しく述べますが、まずは、自分の強みを知ることに真剣になりましょう。

強みがわかる診断テストなどがあれば、いろいろと受けてみるとよいでしょう。私も、様々受けましたが、それらの結果は、大体、同じような傾向になるものです。

その結果を頭の片隅に置きながら、実践の中でコンセプトを打ち出し、ビジネス経験を積むうちに、自分の強みはハッキリと確信できるようになります。

「やりたいこと」と「やれること」はどちらを優先すべきか

「やりたいこと」は「やれること」にしなければならない

「強みと言われると答えづらいが、やりたいことはある」

「強みではないけど、やれることはある。でも、当たり前だから、あまり役に立たないと思う」

これは、独立がまだ夢の状態の人や、ちょうどコーチングやコンサルティングスキルを習っている最中の人がよく言うセリフです。

残念ながら、これらのセリフが発せられる状態では、コンセプトを考えるスタートラインにはまだ立てていません。

なぜかというと、人は、当人のやりたいことを応援することはあっても、お金までは払わないものだし、やれることが役に立たないと思っている限り、自分で自分の強みを打ち消しているのと同じだからです。

では、答えづらい強みをいったん横に置いたとして、「やりたいこと」と「やれること」はどう考えたらよいでしょう。

まず、理想から考えてみましょう。

理想は、「やりたいこと」と「やれること」が一致した状態です。

やりたいことがやれて、それで人に喜んでもらって、それが仕事になって収入が得られれば、最高ですよね。

しかし、最初からその状態にはなれません。

普通は、社会に出て何かの仕事に就き、スキルを身につけながら、やりたいことが段々と浮かんでくるものです。

また、その中で、何かの資格を取るとか、会社では身につけられないスキルを学ぶなどすると、それを生かしたい！　その道のプロになりたい！　と痛切に思う人も少なくありません。

そんな「やりたいこと」が見つかるのは、とても幸せなことですが、その「やりたいこと」を仕事にして収入を得ようとすれば、「やりたいこと」を「やれるレベル」にまで高めていかなければなりません。

つまり、「やりたいこと」は、人からプロと思われるくらいの「やれるレベル」になって初めて、コンセプトになり得るのです。

そして、それには、それ相応の時間もかかるというわけです。

コンセプトは「やれること」からスタートすると早くできる

一方、「やれること」については、先のとおり、「当人は当たり前と感じてそれが強みになる、それが人から必要とされる」と気づく人は少ないようです。

私も、広告会社で、企画書が書けるのは当たり前、コンセプトをまとめるのは当然の役割という環境で生きてきたので、そんな「やれること」が、独立のネタになるとか、人の役に立つとは夢にも思っていませんでした。

しかし、長年の経験はウソをつきません。

あなたが会社でやって当然と言われることでも、１歩外に出たら、それは当たり前ではなくなります。

ずっと営業職をやっていて、それが当然と思っていても、長年、技術畑でたまたま営業スキルが必要になった人から見れば、あなたの当たり前というのはその人達にとってものすごい価値になります。

あなたが、普通に主婦としての人生を送ってきたとしても、例えば、お子様が東大や京大などに

〔図表２　やりたい／やれるマトリクス〕

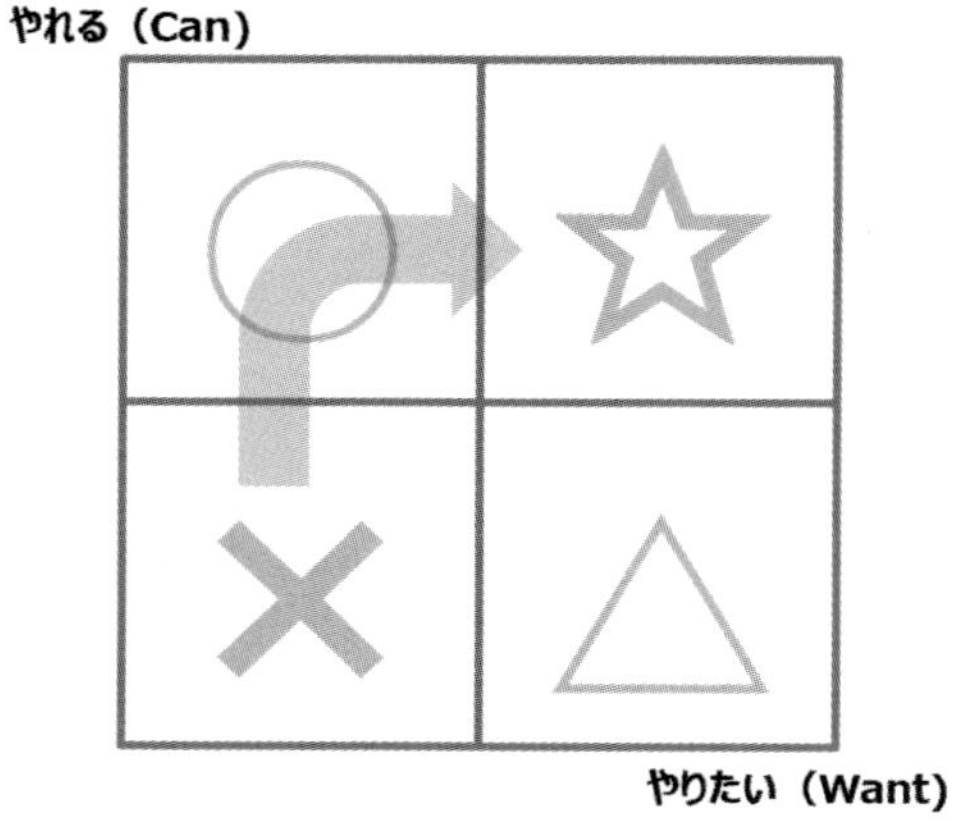

入れば、子供を一流大学に合格させたいママ達には、子育てのやり方を教えて欲しい存在に変わります。

同じように、ウツを克服した人はウツを治したい人から、ＰＣ操作のインストラクションをしている人はＰＣ操作が苦手で困っている人から、あなたの当たり前は、それに困っている人達にとって、お金を払ってでも助けて欲しい価値になるのです。

このように、あなたが当然と思い込んでいる「やれること」というのは、過去に経験として積み上げられたことであり、それが欲しい人から見ればそれは既に価値なのです。

そして、図表2のように、まずはあなたが「やれること」で人を助ける経験を積み、その中で感じたり見つけたりした「やりたいこと」を、少しずつ「やれること」に溶け込ませていくのが確実な道筋です。

たとえ「やれること」のモチベーションがイマイチだったとしても、それで役に立って、お金までもらえたりすると、会社ではつまらなくなったことでも、また違った喜びがあるものだし、まだまだレベルアップする余白が見つかるなどして、意欲的になれるのです。

コンセプトは、やれることからスタートするほどビジネスにしやすいものです。

これは、私も、多くの人のコンセプトをお手伝いする中で、毎回、痛感することです。

取った資格でビジネスがうまくいかない「超当たり前の法則」

取った資格をそのままビジネスにするのは激しい競争の中に突っ込んでいくこと

「やりたいこと」を「やれること」にする代表的な方法は何かというと、それは資格取得です。

弁護士や社労士などの難関資格でなくても、認定資格を出すところはたくさんありますよね。コーチング、コンサルティング、セラピー、インテリアプランナー、食生活アドバイザー、ネイリストなど、日本には千を超える資格があります。

資格を取る理由には、純粋に学びたいから、キャリアに箔をつけたいから、転職しやすいからという理由が多く、もちろん、それは何ら問題のないことです。

しかし、取った資格でビジネスをやる場合は、よくよく考えなければなりません。

これはクライアント側に立って考えてみると当然の話です。

仮に、あなたが、キャリアカウンセリングを受けようとした場合、何を選択理由に1人のカウンセラーに絞り込みますか。

おそらく、自分に合ったカウンセラーをネットや紹介などで探し、候補となるカウンセラーのプロフィール、カウンセラーとしてのキャリアや特徴、そして価格を検討し、顔合せなどを経て最終決定するはずです。

これは言い換えると、

・キャリアカウンセリングというジャンルの中で、
・価格の相場を意識しながら
・比較して選ぶ、

ということです。

つまり、それは、あなたはキャリアカウンセラーという枠組みの中で、キャリア豊富か否か、高いか安いかといった枠で値踏みされるということです。

このように、取った資格をそのままビジネスにするということは、先行者や同業者との激しい競争の中に自ら突っ込んでいくのと同じことなのです。

ビジネスとしてやっていく場合、最も重要なことは、いかにクライアントから選び続けてもらえるかです。

そのとき、同じ資格保有者がたくさんいて、あなたでも他でもよいことをそのままやっていては、値踏みされたり、飽きられたりするのは当然です。

したがって、資格を取ったら、自分の経験と融合させたコンセプトにして、「あなたしかいない」と思ってもらえるような創意工夫が必要なのです。

ライバルを減らす工夫をしよう

取った資格とあなたの経験を融合させたコンセプトを生み出せれば、それだけ成功する確率は高まります。

そのあなた独自のコンセプトづくりで注意すべきことは、なるべくライバルが真似しづらいことを付加するということです。

それは主に、

①　バックグランドの実績や経験をもとにする
②　周りが中々できないくらいの知識やアイデアで勝負する
③　普通を遥かに超えた継続をする
④　リスクを取る（投資や雇用も含む）

です。
①のバックグランドを元にすることは、「やれること」に基づくことと似ていますが、例えば、

「20年以上の体づくりトレーニングに基づいたランニング指導」と言われると、マラソン経験者によるランニング指導とは全く別物に見えませんか。

マラソン経験者によるランニング指導は、やる人が多くても、体づくりのプロのランニング指導者は周りに少ない、つまり、それだけ真似されづらいことになります。

②や③も、それ自体ができる人が少ないので、ライバルが減ることにつながります。

私は、ブログをやり始めたとき、継続の大変さを痛感しましたが、「ブログ継続の辛さは皆、同じだから、やり続ければ相談されるはず」と思って続けていました。そうしたら、その予想どおり、ライティングについて相談されるようになりました。

ライティングの指導をする人は、他にもいますが、それができる人が少なければ、同業者がいてもビジネスとして成り立つというわけです。

そして、④のリスクですが、例えば、普通はやらないような大胆な広告投資とか、飲食や仕出しなど技術的にはさほど難しくなくても、店舗や雇用に投資するとなると、やる人は限られてきます。やる人が限られることは、イコール、ライバルが減ることです。

このようにして、周りとの違いを出し、模倣が難しいコンセプトにするほど、ビジネスは有利に働きます。

取った資格をそのままビジネスにするのとはかなり異なる考え方ですが、最初からこのように考えている人は、資格取得後もうまくビジネスにしている人が多いものです。

コンセプトがどんなものかわからないからコンセプトができない

コンセプトができない最大の理由とは

ここまで、コンセプトについて前提を整理してきました。

自分の商品、サービスも、あなた自身も、コンセプトから始まること、よいコンセプトは人生を変えること、よいコンセプトと感じるメカニズム、強みの上に築く意味ややれることを優先すること、そして資格は経験と融合して創意工夫をすること、などです。

私が、コンセプトや起業の相談に乗るとき、この前提を取り違えていることが少なくないので、まずはこうして挙げてみました。

そして、もう1つ、コンセプトが中々できない肝心要の原因があります。

それは、何かというと、極めて単純な理由です。コンセプトがどんなものかわからないから、コンセプトができないということです。

ところで、コンセプトをウィキペディアで調べてみると、次のように定義してあります。

「コンセプトとは、物事の総括的・概括的な意味のこと。ある事柄に対して共通事項を包括し、抽象・普遍化してとらえた意味内容で、普通、思考活動の基盤となる基本的な形態として頭の中でとらえたもの。イメージなど」

さて、あなたは、この定義を見て、コンセプトとは何かが本当にわかったでしょうか。多分、わからないと思います。わからなければ、コンセプトはつくりようもないし、よくすることもできませんよね。

わかりやすいコンセプトの定義を覚えよう

では、ズバリ、わかりやすい定義をいいます。それは、

「コンセプトとは、まだ知られていないモノ、コト、ヒトについて、それが何で、誰に何をしてくれるのかが、パッと思い描けるフレーズ」です。

モノだったら、「それが何物で、誰に何をしてくれるのかが、パッと思い描けるフレーズ」、

コトだったら、「それが何事で、誰に何をしてくれるのかが、パッと思い描けるフレーズ」、

ヒトだったら、「それが何者で、誰に何をしてくれるのかが、パッと思い描けるフレーズ」、

ということです。

ちなみに、この「パッと」というのは、20秒以内です。

あなたも、エレベータートークという言葉を聞いたことがあると思います。

これは、会社のお偉いさんに、自分が考えている企画をエレベーターに一緒に乗っている間の20秒で伝えられないとハンコがもらえないとか、起業家が自分のアイデアを投資家に売り込むには20秒以内で伝えられないと興味を持ってもらえないという話から来ています。

また、人の話は、20秒以内で意味がわからないと、聞くほうの集中力は著しく落ちるそうです。このように、コンセプトは、「誰が／何が」↓「誰相手に」↓「何をするか」を端的にまとめたフレーズということです。

そして、よいコンセプトは、それがわかった上で、「新しさを感じる」「共感できる」と感じさせ、「もっと詳しく知りたい」という感情を呼び起こすわけです。

このような「パッとわかる」↓「もっと知りたい」という流れは、様々なところで見られます。例えば、企画書のタイトルが「パッと、中身を想起できる」ものなら、中身を見てみようとなるし、誰かの自己紹介も、どんな人か「パッと、理解できる」と、ちょっと話してみたくなりますよね。どこかの会社のホームページを見て、そこが何をやっているのか「パッと、理解できると」、もっと見てみようとクリックしたくなります。

このように、コンセプトというのは、まず、直感的にその全体像を想起させ、中身への興味を喚起するものであることが大事です。

コンセプトの公式

コンセプトは４要素から成り立っている

次に、コンセプトの構成要素を見ていきましょう。

次のコンセプト（人の場合の例）を見てください。

①　自分に自信のない人に、コーチングと褒め習慣で、自他肯定感を最大にする褒め方の達人

②　ＮＬＰと傾聴でワンランク上のコミュニケーションになる聞き方の専門家

③　複雑なビジネスモデルでも1分で伝わる図解チャート・プレゼンテーションコンサルタント

これがコンセプトと呼ばれるものの原型で、私はこれを20秒コンセプトと呼んでいます。

なぜ原型なのかというと、コンセプトは、コンパクト（3秒で伝わる程度）にすることによって、さらに伝わりやすくしたり、キャッチフレーズやブログタイトルに応用できるからで、それはこの20秒コンセプトのコトバを元にするからです。

そして、コンセプトの4要素とは、

・どんな人のどんな悩みに？（顧客層）
・どんな売りで？（ＵＳＰ）
・どんなよいことになる？（ベネフィット）
・どんな肩書き／サービス？

です。

コンセプト例の①で言うと、

・どんな人のどんな悩みに？＝自分に自信のない人
・どんな売りで？＝コーチングと褒め習慣（という方法）

・どんなよいことになる？＝自他肯定感が最大になる
・どんな肩書き？＝褒め方の達人
ということになります。

また、コンセプト例の③は、
・どんな人のどんな悩みに？＝（多分、複雑な内容のプレゼンに苦労しているビジネスマンに）
・どんな売りで？＝図解チャート・プレゼンテーション（というやり方）
・どんなよいことになる？＝複雑なビジネスモデルでも1分で伝わる
・どんな肩書き？＝図解チャート・プレゼンテーションコンサルタント
となります。

この例は、ターゲットが省略されていたり、売りと肩書きがほぼ一緒で2度言う必要がないなど、かなりコンパクトになっています。

コンセプトは、短く伝わるほどよいので、プレゼンテーションと言えばサラリーマン向けとわかりそうと思えば、省略したほうがよいのです。

コンセプトを見る側もあなたと同様、知識と経験があるし、図解チャート・プレゼンテーションと聞いてちんぷんかんぷんの人をクライアントにする必要もないわけですから、そこは読み手を信じるということですね。

20秒コンセプトを図示すると図表３（コンセプションモデル）のようになります。

〔図表3　コンセプションモデル〕

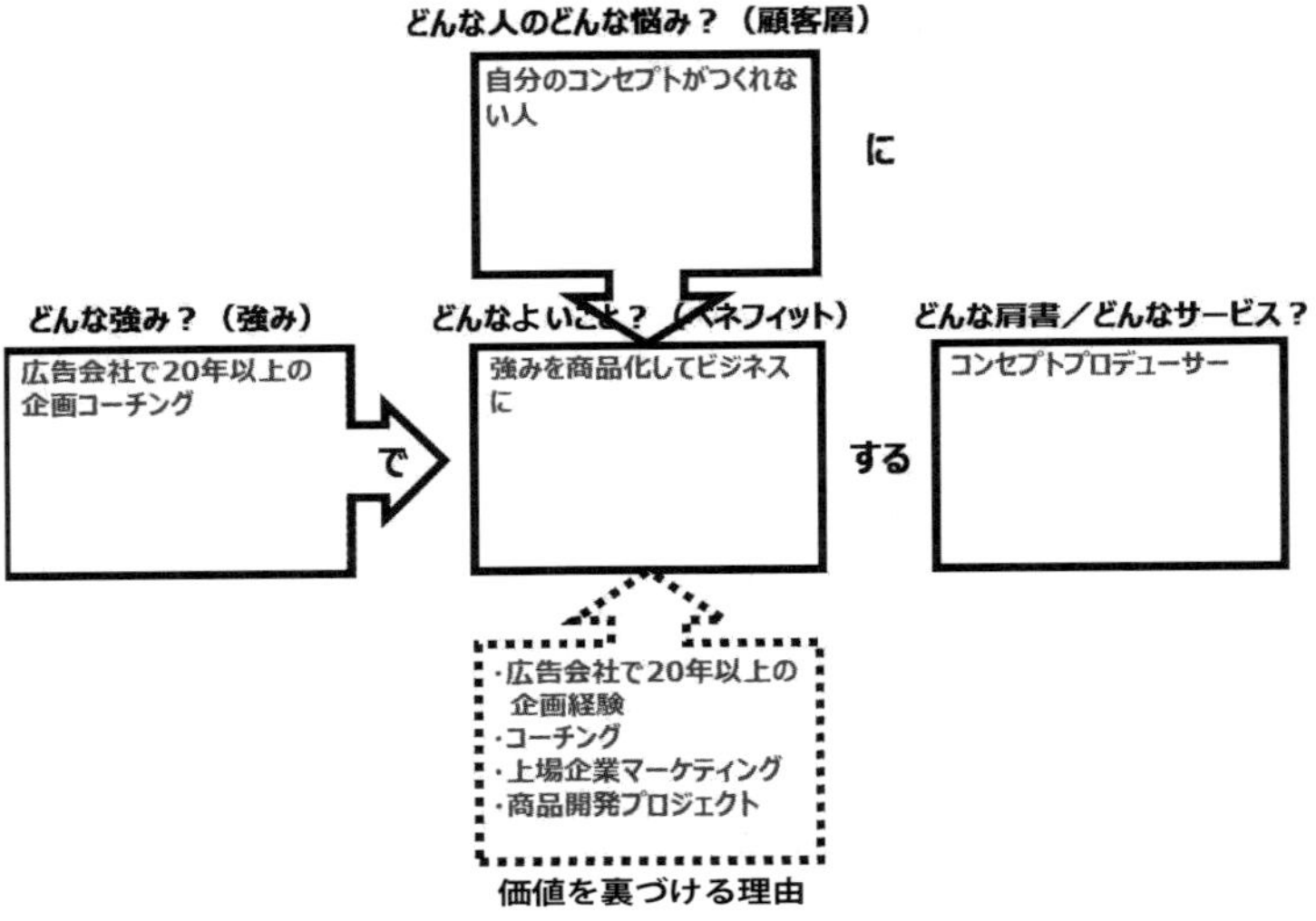

コンセプトを考える際は、まずは図表3の中に短いコトバを入れて、ワンフレーズとして表せるようにコトバを出し入れして考えます。

また、図表3を見るとわかるように、フレーズは、どんな人のどんな悩みに？　から始めてもよいし、どんな売りで？　から始めても通じます。

20秒コンセプトで方向性を定め一言コンセプトで決める！

必要最低限のコトバにそぎ落とすといつの間にかシンボリックなコンセプトになる

20秒コンセプトの例文の中には、「複雑なビジネスモデルでも1分で伝わる図解チャート・プレゼンテーションコンサルタント」のように、「どんな人のどんな悩みに」や「どんな売りで」が省略されても、十分に伝わるものがありましたが、実は、最終的にはこの例文のように20秒コンセプトはギリギリまで短くすることが必要です。

20秒コンセプトも短いとはいえ、これをホームページやブログのタイトルとして使ったり、メインサービス名にするにはまだ冗長です。

何かを見て考える間もなく、一瞬で「あ、いい！」と思ってもらうには、極端な話、「どんなよいことになる何？」がわかればそれでよく、私は20秒コンセプト文をギリギリまでそぎ落とした文を便宜上「一言コンセプト」と呼んでいます。

例えば、例文で言えば、

① 自他肯定感を最大にする褒め方コーチング

② ワンランク上のコミュニケーションになる聞き方プログラム

です。

このように、「どんなよいことになる何？」だけ表現すると、受け手は、直感的に「あ、いい！」と思って、詳しく知りたくなります。

「あ、いい！」と関心を持たれたら、次に「自信がない人向け」「ＮＬＰ」を説明したほうがスムーズに理解してもらえるのです。

私も、独立当初、自分の方向性をコンセプトとして表現する最初のコトバの出入れの段階では、

・（売り）広告会社で20年以上の企画技術にコーチングを融合した「企画コーチング」で、
・（顧客）マーケティングのことがよくわからない個人起業家に、
・（よいこと）才能を商品化したライフワークをビジネスにする
・（肩書き）プランニンググコーチ

というふうにまず考えました。

これを20秒コンセプトとして、

「広告会社20年の企画コーチングでライフワークで起業を実現させるプランニンググコーチ」にまとめ、さらにこれを短縮&単語化して、「ライフワーク起業プログラム」というコンセプトワード＝サービスネーミングにしています。

このコンセプトワードは、「ライフワーク起業」という顧客にとってのよいことが文頭に来て、「プログラム」というサービス形態を後につける文法になっていますが、他にも、「週末起業フォーラム」「ご繁昌サポートネット」「自己信頼カウンセリング」のように、顧客にとってのよいことを名詞で表して文頭に置き、フォーラムやプロジェクトのようなサービス形態を表す名詞を続けて名詞同士の組合せにすると、コンセプトワードがそのままサービス名になります。

また、さらに、「自己信頼カウンセリング」というコンセプトワードに、「一流アスリートのメンタルリセットコントロール術から生まれた、自己信頼カウンセリング」という文（＝コンセプトフレーズ※後述）にすると、顧客にとってのよいことが一層強調され、ついでに価格も高く設定しやすくなるというおまけまでついてきます。

もちろん、そのような技術があるからできるコトバ使いですが、多くの人は、こんなコトバの絞り込み方法を知らないために、どのように短く魅力的にしたらよいかわからないままです。

せっかく魅力的な技術や顧客が喜ぶやり方を持っていても、相手に伝わらなければ宝の持ち腐れです。

ぜひ、このようなコトバを絞り込んでいく方法で、いろいろとネーミングしてみてください。

キーワードブリッジ法で簡単ネーミング

ここで、早速、今後のコンセプトワークを効果的に進めるために、簡単なネーミング法を練習してみましょう。

まず、「自己信頼カウンセリング」のようなコンセプトワードは、「顧客にとってのよいこと＋サービス形態」で簡単にできることがご理解いただけたと思います。

なお、実際につくる場合は、次のような手順でやってみるとよいです（※私は、この方法をキーワードブリッジ法（図表４）と呼んでいます）。

①　１つテーマを決める

ビジネスコンセプトでも、メインサービスのタイトルでもＯＫです。タイトルをつけるテーマを選びましょう。

〔図表4　キーワードブリッジ法〕

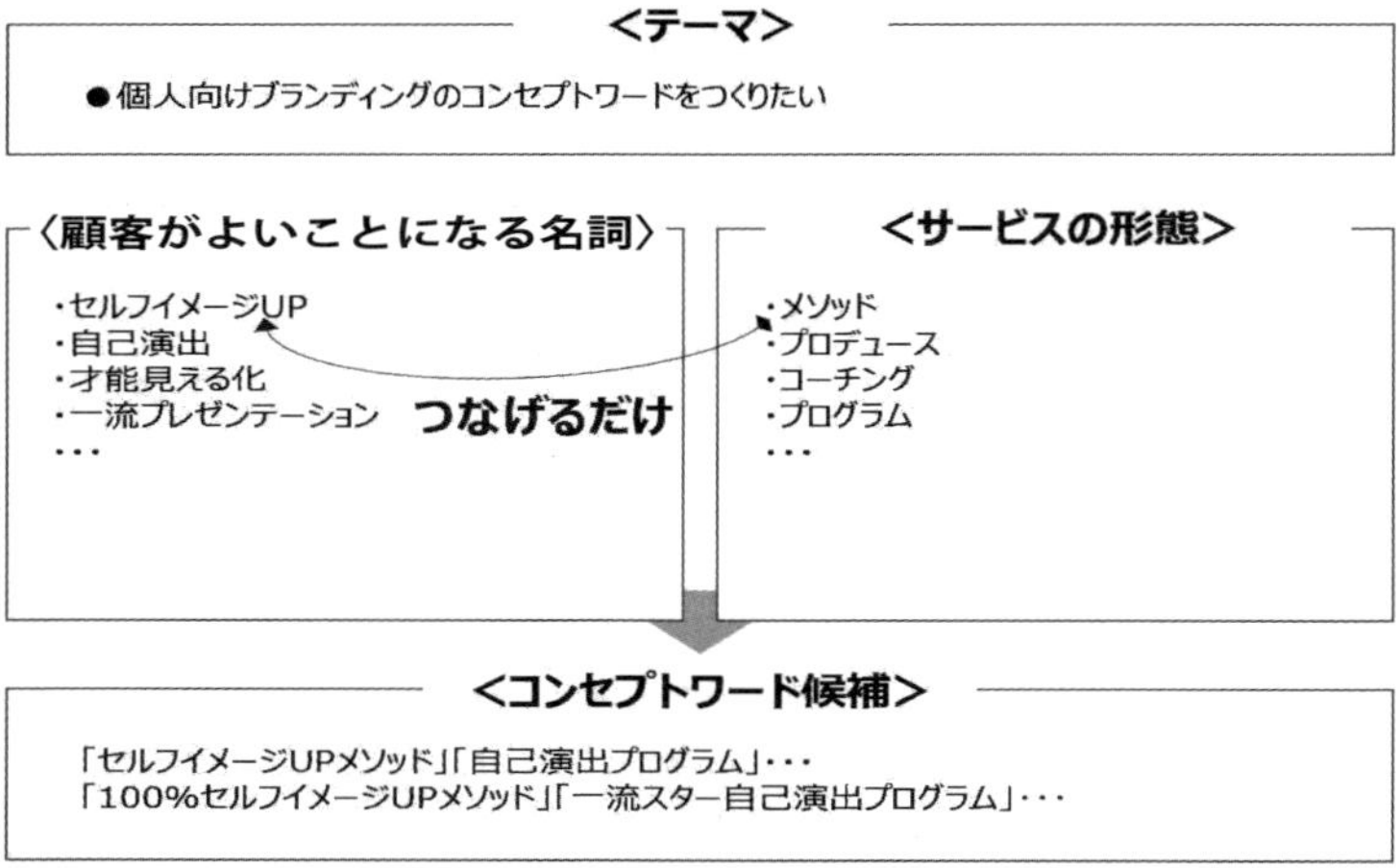

② 顧客にとってのよいことを表す名詞をリストアップ

例えば、あなたが個人向けのブランディングをサポートする仕事だとしたら、顧客にとってのよいことは、「セルフイメージUP」「自己演出」「才能見える化」「一流プレゼンテーション」…というふうにコトバを列挙していきます。

③ サービス形態の名詞をリストアップ

次は、「メソッド」「プロデュース」「コーチング」「プログラム」…といったサービス形態を表す名詞をリストアップして、後は①→②の順番でベストな組合せを考えるだけです。

組合せ例としては、「セルフイメージUPメソッド」「自己演出プログラム」など、たくさんのコトバが出てきますが、ちょっと味付けして「100%セルフイメージメソッド」とか、「一流スター自己演出プログラム」というふうに、顧客にとってのよいことを表す一言を付け足すと、より魅力的なネーミングになります。

何事もラベルが興味深いから、中身を見に行きたくなるのが人間の心理です。

これからコンセプトを細かく分解してお伝えしていきますが、どんなときでも、文頭に魅力的なコトバ、次に具体的なサービス形態という語順が基本です。

これを意識する習慣が身につくと、コンセプトワークがとてもやりやすくなるので、ぜひ、この語順は覚えておいてください。

まずはキーとなる単語から探してみよう！

これからの人も既に十分な実績がある人でもまずはキーワードから考える！

ここまで20秒コンセプトや一言コンセプトといった公式についてお話してきましたが、実際、コンセプトを考え始めるときは、まずはキーワード探しからスタートします。

もし、あなたが、これから自分のコンセプトを生み出す場合でも、これまでやって来たことを統合したコンセプトをつくろうとする場合でも同じです。

キーワードとは、私の場合で言えば「企画」というように、まさに単語レベルのことです。

ひと口に企画と言っても、まだまだ漠然としているのですが、単語ならすぐに出るかというと、そうは問屋が卸しません。

これは、これから独立して事業をやるときはもちろんですが、既に十二分なキャリアや実績がある場合でも、ネタ元の幅が広すぎて、中々絞りきれないものです。

そんなネタ元が広すぎてまとめきれずにご相談をいただいたケースをご紹介します。

単語レベルでも顧客からの期待を考える

広島にお住まいの廿日出庸治さんは、17年にわたる整骨院経営をはじめ、NLP事業や治療家向けの経営塾も主催されるなど、幅広くご活躍されています。

また、廿日出さんが運営するコミュニティーは、全国からファンが集まり、何年も通い続けるコアファンもいるほどです。

そんな幅広い活動が故に、フォーカスポイントがわからないとご相談をいただきました。

まずは、これまでの棚卸から始めたのですが、彼の言葉どおり、語れることがあり過ぎてまとめるのが大変です。

個人事業主から年商1億円の会社をつくった、治療業界で真っ先にNLPを取り入れた、12万回の臨床を行っている、経営塾を主宰している、ランニングと治療院を結びつけたブランディングに成功した、治療家向けDVD累計6300枚を販売…と、実績だけでも書き切れません。

また、加えて、10万人に1~2人と言われる難治性希少ガンを宣告されるも闘病中にフルマラソンを完走した、心に響く文章が書ける、セミナー参加者が知らない間に変わる…など、私も実績を追っかけるだけで一苦労です。

キーワード探しも膨大な量になり、彼が挙げたのも「再出発、判断、パワー、エナジー、フロー、チャレンジャー、五感、全エネルギー、超V字回復、快復力、解放、チェンジ、ライブチャレンジ、心身回復」など、たくさんの単語が挙がってきました。

当初、彼は、「ライブチャレンジ」という単語を気に入っていましたが、顧客（患者）に対してのかかわり方や顧客が欲しがること、その中で最も大きな特徴は何か？　などを問いかけると、「回復」「五感」のほうが相応しく感じるとのこと。

また、驚異的な実績やガンの克服、ランニングという経験から、「超」「V字回復」などのパワフルな語感が相応しく、キーワードは「超回復力」に絞り込まれていきました。

その後、「メディカルNLP五感トレーナー」という肩書、「超回復心理学」としてご自身のスキルを統合したサービスのリリース、さらには出版も果たし、まとまりきらなかった仕事をコンセプトのもとに再統合。現在も引き続き、八面六臂のご活躍です。

キーとなる単語出しは1度立ち止まって考えなければ出てこない

このように、既に事業家として十二分な実績があっても、それらを統合したキーワードを導くには、過去の棚卸と単語出しをやらないと中々まとまらないものです。

また、これから独立するとか、取った資格に独自性を加えていく段階でも、どこかで立ち止まって、棚卸と単語出しをやっておかないと、ずっとまとまらないものなのです。

事業は、行動力とアイデアを広げていくことが大事ですが、その結果、全体としてまとまりがつかなくなった場合は、1度じっと立ち止まって考えることが必要です。

立ち止まることは、特にアクティブな人にとっては怖いことですが、納得のいくコンセプトをもとにした行動は、立ち止まった分を補う以上の結果につながります。

もし、どうしても忙しいなどの状況で立ち止まれない場合は、「まず、キーとなる単語は何になるだろう?」と自分に問いかけておき、その質問と、思いついた単語のメモを常に見られるようにしておきましょう。

電車の中などの移動中は、ひらめきが起こりやすいし、目に飛び込んでくる広告などがきっかけになってキーとなる単語が浮かびやすい環境でもあります。

立ち止まるというのは、机の前でじっとしているのではなく、常に同じ質問を問い続けることです。

より高くジャンプするために、立ち止まることに向き合う。

コンセプトを考えることは、そんな飛躍へのスプリングボードの役割を果たすというわけです。

第2章

ビジネスにできる強みとは？

強みは、経歴・学び・才能・期待から考えてみよう

まずは、客観的に見える数字や実績を棚卸してみよう

本章からは、具体的なコンセプトのつくり方を1つずつご説明していきます。

コンセプトは、「どんな人のどんな悩みに？／どんな売りで？／どんなよいことになる？／どんな肩書・サービス？」をまとめることから始めるとお話してきましたが、この4要素のどれから考えるかといえば、それは自分の売り、つまり、いろいろある強みの中の一番の売りからです。

これは、「強みを１００％発揮できるコンセプト」にしなければ、つくる意欲も湧かないはずですから当然なのですが、実際、「あなたの強みは何ですか」と問われて、最初から一言で説明できる人は多くはありません。

また、一口に強みと言っても、クライアントニーズに応えられなければ、独りよがりになってしまうし、強みは持って生まれた才能を見極めることも大事です。

また、自分への期待を理解した言葉を選ぶ必要もあるし、それは大体、過去のあなたの経歴や学びをもとにしていることがほとんどです。

このことから、私は、強みはまず大きく分けて、「経歴」「学び」「才能」「期待」という4項目を棚卸することをおすすめしています。

〔図表5　強みの4要素〕

実作業としては、①数字や実績などの客観的に見えること、次に、②目に見えない主観的なことをリストアップすることです。

客観的に目に見えることは、経歴で言えば、「一番長い職歴の年数」「その職種での主な成果や実績」、学びで言えば、「一番力を入れた学び」「その時間数」「成績」などです。

また、既にビジネス経験があるのなら、「顧客数」「顧客実績」「売上や利益」、また「リピート率」や「契約率」、そして実際の「クライアントの声」など、様々な客観的な数値や実績を強みにできます。

これらをリストアップして、一番インパクトのあるものに絞り込み、「どんな売りで？」を埋めるわけです。

これらの客観的な数字や実績は、ビジネス経験を積むほどネタが豊富になるし、クライアントもその客観的内容で期待したり、申し込んだりするので、強みは経験を積むほど言いやすくなります。

また、これからの人は、早い段階から、この数字と実績を如何に集めるかが勝負という側面もあります。

数字や実績で言えないことの中にも強みはある

では、客観的な数字や実績に対して、目に見えないことはどう考えればよいでしょう?

もちろん、数字や実績で言えないことの中にも、強みはちゃんとあります。それは何かというと、人生のターニングポイントや顕在化していない強みです。

ところで、人生のターニングポイントといえば、私はよく「マグロ漁船式人材コンサルタント」の齋藤正明さんの事例をお話しています。

彼は、バイオ系企業の研究職として勤務していましたが、当時の所長の無理な命令で業績も職場の雰囲気も低迷し、あるとき、マグロ船に乗せられることになります。

しかし、狭く不便な環境だからこそ仲よく助け合う漁師達の姿に感銘を受け、その経験をもとに、漁師達のコミュニケーションを社内に取り入れた結果、社風改善や業績向上を達成します。

その後、彼は、「マグロ漁船式人材コンサルタント」として独立し、数々の大手企業の研修や多数のマスコミ掲載などで大活躍をされていますが、この場合の売りは、「マグロ漁船式人材コンサルティングで」というふうに、マグロ漁船での経験を強みと捉え、さらにそれをもとに開発した商品・サービスを売りとして表現することで伝わっています。

私が開催するセミナーで、この話を紹介すると、毎回必ず、驚きと笑いで会場が沸くのですが、これなどは転機のストーリーが強みになった典型例です。

人それぞれ、転機のストーリーは１００人いれば１００通りあります。

しかし、「困難を克服した物語」というのは、それが何であれ、多くの人の心を打つのです。そしてそれは、その悩みの渦中にいる人に対して、圧倒的な強みになるわけですね。

そんなドラマチックなストーリーなんてない！　という方もいるかもしれませんが、何かを克服した経験は、自分のコンセプトの魅力的なネタになります。

また、「仕事環境にかかわらず、常に磨きたいと思っていること」「特定の何かをやっているときに限って、時を忘れて没頭してしまうこと」も顕在化されていない強みです。

さらに、「人を見て、なぜこんなことができないんだ！　とイライラすること」も、裏を返せば、それがあなたの才能なのです。

顕在化されていないから一言で表すのが難しいのですが、それは、数字や実績などの比較の中の強みとは異なり、あなただけの真似できない強みです。

中々、強みがわからなければ、親しい人などにどんどん聞いてみましょう。自分の強みを真剣に考えていれば、周りの人があなたの強みをうまく一言で表現してくれるかもしれません。

このように、短い言葉として表せるように、日頃からコトバを探しておきましょう。

「どんな売りで？」の表現方法

売りは実績の優劣よりそれが求められる市場で考える

売りの表現は、数字や実績などの目に見えることは、その中で一番インパクトがあるものを選ぶか、あるいは、サービスや商品タイトルをそのまま表現することもあるとお伝えしました。

ここでは、この表現について、もう少し詳しくご説明します。

まず、数字や実績などの目に見えることを売りに持ってくることは比較的容易です。

例えば、あなたが業界トップクラスの営業成績を上げた経験があれば、「○○業界第1位のセールス技術で」と言えますし、そんな輝かしい成果でなくても、例えば、営業職を20年やってきたのなら「20年の○○営業経験で」と表現できます。

トップセールスのようにインパクトがあれば、それに越したことはありませんが、ビジネスとして考えたとき、成果や実績がイマイチだからといって、それが強みにならないわけではありません。

業界トップクラスの営業実績を強みとして訴求するなら、クライアントも「大手企業の精鋭営業マン」がまず頭に浮かびますが、その分、市場的には数も限られます。

一方、20年の営業経験しか言えなかったとしても、セールス力を磨きたい人はたくさんいます。技術職あがりの経営者や主婦経験が長くセールス経験ゼロの起業志望者など、営業という仕事を1

歩離れれば、未経験でその力を欲しがっている人は非常に多くいるものなのです。

これを市場と捉えれば、トップセールスでなくても、十分売りにできるわけです。

多くの人が実績の優劣を意識するあまり、売りに気づけずにいますが、売りはあくまでそれを欲する人にとって価値があるかどうかです。

売りは、優劣ではなく、求められる市場がありそうかで考えることが大事です。

このように考えることができれば、たくさんのネタが自分にあることに気づけると思います。

過去の経験を強みとして生かす場合、動詞を変えて考えてみよう

一方、体系化されたサービスや商品をこれからつくる場合でも、その前身となるネーミングを強みとすることもできます。

例えば、私は、広告会社で20年以上、企画の仕事に携わってきましたが、企画力をパワーアップするためにコーチングを習いました。

その後、コーチングを独立の武器と捉え直したわけですが、このとき、私が売りとして表現したのは、「広告会社20年の企画コーチングで」でした。

対象者は、自分のサービスなどの企画力を欲している個人起業家だったので、大手企業相手のマーケティング・ブランド戦略の企画経験などはあまり強調しませんでした。

また、広告会社での経験は、あくまで「企画をつくる」ことだったのですが、これを私が独立し

て1人で請け負うことは負荷が多すぎます。

そこで、私は、「企画をつくる」ことから、「企画を支援する」スタンスに変えて、それを企画コーチングとしたわけです。

このように、企業でやっていた経験を改めて売りとして打ち出す場合、チームの1員としてできたことが1人ではできないとか、企業相手から個人相手にするなどで、売りを表現しづらくなる場合は、私が「つくる↓支援する」にしたように、動詞を変えて考えてみるとよいです。

多分、私の「企画」に相当するキーワードは出やすいはずですが、そのキーワードに、「支援する」「教える」「プロデュースする」「広める」「解決してあげる」など、これまでとは異なる動詞を当てはめてみてください。

もしかしたら、思わぬ道筋が見えてくるかもしれません。

売りが絞れないときは「通算時間の法則」で考えてみよう

強みとは喜怒哀楽によって脳のシナプスが発達したこと

経歴・学び・才能・期待を棚卸し、成果や実績、あるいはターニングポイントなどのストーリーを考察したとしても、中々、売りを絞りきれないことは多々あります。

そのようなときに、自分の売りを方向づける、とてもシンプルな方法があります。

それは何かというと、あなたがこれまでに繰り返してきた質問の通算時間を計ることです。

強みというのは、あなたがこれまで何度も何度も考え、それをやる中で喜怒哀楽を味わい、それに伴って脳のシナプスが発達したことです。

その結果、周りの人よりも早くできたり、人よりも深く考えられたり、人よりもカラダがスムーズに動くようになった何かが必ずあるのです。

例えば、ウツに苦しんだ人は、「なぜ、私がこんな目に遭うんだ？」「どうやったら治るんだ？」といった質問を無数に繰り返した結果、ウツのときの考えグセ、注意すべきこと、治るきっかけのつかみ方など、普通の人にはわからないことがたくさん蓄積されています。

また、会話ベタを指摘されたことをきっかけに、コミュニケーションを徹底研究し、ついにはプロのコミュニケーション講師になった人もいます。

このように、最も多く繰り返された質問が、その人をその分野の専門家にするのです。

私も、子供の頃から、何か新しいアイデアを生み出すのが大好きでした。

「どうやったら、もっと面白くなるだろう？」「何をしたら、皆が喜んでくれるかな？」と問い続け、社会人になって広告会社に入りました。

広告会社では、企画の仕事に就き、イベント、キャンペーン、広告制作、ブランド戦略、マーケティング戦略、コンセプトワーク、商品開発、そして調査企画に至るまで、ありとあらゆる企画の仕事をしました。

その仕事の過程では、「どうやったら、もっとバシッと表現が決まるかな？」「どうしてあんなアイデアを思いつくんだ？」「この企画をもっと順序立てて伝えるとしたら、どんな構成がわかりやすいだろう？」「このモヤモヤを言い表すコンセプトって何だ？」と、ずーっと問いかけていました。

そして、その問いかけてきた通算時間は…

広告会社にいたのは23年。１日８時間働くとして、半分の４時間は何らかのアイデアを考えているとして、１年間に３００日働いて、４時間×３００日×23年で２万７６００時間。さらに、独立して、クライアントの企画支援のためにコンセプトや商品を考え、毎日のメルマガネタを考えて、これが大体６０００時間。合計は３万時間を遙かに超えています。

このようにして、私は、アイデアを出したり、企画をつくったり、あるいはそれを文章にするのが、いつの間にか強みになったのです。

したがって、もし、あなたが、いろいろある強みの中で売りが絞りきれずに悩んでいるとしたら、繰り返してきた問いの通算時間を考えてみてください。

履歴にある時間をただ振り返るだけでなく、その時々で強い感情を伴った時間を足し上げてみると、売りは自ずと方向づけられるはずです。

あなたの当たり前の中に売りがある

多くの場合、「通算時間の法則」で売りは明らかになるものですが、同時にそれを受け入れがたく感じる人も多いです。

なぜ、受け入れがたく感じるのかというと、

・売りは実績の優劣によるものと固く信じている

・それが当たり前だから、それをわざわざ売りとまでは思えない

からです。

「実績の優劣ではなく、それを欲する人の市場で考える」ということは、前述のとおりですが、中々、自覚できないのが、売りがあってもそれが当たり前に感じられてしまうことです。

私も、企画をつくって当然の職種だったので、長い間、それが売りと自覚することはできませんでした。

それがなぜ、自覚できるようになったのかというと、広告業界の人がほとんどいない、コーチングを学ぶ仲間や個人起業家の世界に飛び込んだからです。

そこでは、私が当たり前と思っている企画のつくり方や広告業界の話をちょっとしただけで、「へー！」とか「すごい！」などと喜んでもらえるのです。

このような反応をもらううちに、私は、今までの経験がちゃんと強みになっているどころか、独立してやっていける売りになることがわかりました。

もし、私が、広告業界の中だけで生きていたとしたら、このようなことは絶対に気づけなかったはずです。

このように、自分の売りを見出すために、あなたにとって当たり前ではない世界に飛び込んで、たくさんの反応をもらうことはとても効果的です。

今、あなたがいる世界の外には、もっともっと大きな世界があります。

その中には、あなたの当たり前がすごい強みとなるところが必ずあるものなのです。

通算時間の法則から足下に立ち返ったコンセプト例

長年の経験はウソをつかない

私が、長年、広告業界にいたから、キーワードが「企画」なのは、至極当然と見られますが、実際に独立を考えて、「さて、自分は何でやっていこう?」と思った当時、私は、メンタルコーチでやっていこうと考えていました。

そこから今に至る経緯は前述しましたが、私に限らず、多くの人は、そのとき学んだ何かを仕事にしたくなったり、逆に、本来選ぶべき道を選んでも、たまたまビジネススキルが追いつかずに、他の道のほうが相応しいのでは?　と思ってしまうことがよくあります。

その境目は、当人の深層心理しかわからないところですが、長年、積み上げた経験というのは、ウソはつかないものです。

そんな通算時間を振り返って、足下に立ち返ったコンセプト例をご紹介します。

コンセプトが１人歩きを始める！

新潟にお住まいの中野さちえさんは、「癒やしのアロマと写真」をテーマにサロンを構えておられました。それまでデザイナーとして活躍されていましたが、制約の多い商業デザイン、周りから癒やされると言われ続けたこと、そして、人の悩みの解決に興味があったことから、セラピストとして独立されました。

しかし、今1歩、軸が定らない、ビジョンも見えづらいとのことで、ご相談をいただきました。

まず、私の目に留まったのは、彼女の18年に及ぶデザイナー歴です。

通算時間の法則から言えば、デザインに関連する才能やスキルは強みであるはず。しかも、癒やしに加えて写真と謳ってもいる。さらには、写真講師としてのセミナー依頼も来る。しかし、ブログやホームページからはそれが伝わり切れていない状態でした。

そこで、私は、最初のセッションで、「フォトセラピー」として、好きな写真とセラピーを組み合わせること、癒やしをテーマにするのではなく、内面の輝きや生命力をカメラで引き出すことを提案。

それを「ワンネス・フォトセラピー」というコンセプトにまとめ、サービス設計やホームページの改訂を行いました。

その後、地元新潟で認知が広がり、開催するイベントは毎回満席。フォトセラピーの申込みに至っては、３か月半で60件を超えるまでになり、本人曰く、コンセプトが1人歩きしているようというほどになりました。

現在、彼女は、フォトセラピーに加え、企業や公職の方々から撮影の依頼も増えるなど、活躍の場をどんどん広げています。

このように、コンセプトの芽は、長年、その世界に身を置いてきた足下に転がっているもので、そういうものほど、本当はパワフルだったり、1人歩きしたりするものなのです。

長い人生の間には、同じことをしていると、つい、本当は別の道があるのではないか？　と思って、学びに夢中になる季節があるものです。

しかし、その学びは、経験を深めこそすれ、道を変えるまでには至らないケースが多いのです。

そこをわかった上での学びであれば、強みを磨くよい機会になるものです。

強みを磨く学びの姿勢で大事なこと

コーチングやカウンセリングといった対人支援のスキルをはじめ、ビジネス知識や手法を学ぶ機会は、今は探せばいくらでもあります。

また、私もそうですが、売りの発見をお手伝いしたり、ビジョンやミッションの作成をサポートしてくれる所もあります。

売りを明らかにするために、これらに投資することは、特にコンセプトをつくろうとする段階で必要なことですが、時々、1つの学びが終わったら次の学びへと、学びが目的化してしまうケースに出くわします。

大事なのは、学びの目的をしっかりすることです。

また、その目的は、コンセプト強化のため、顧客からの期待にさらに応えるため、独立のため、次の事業のためといった、アウトプットを前提に置くことが大事です。

強みは、それが形となって誰かに影響しない限り、売りとして存在できないのですから、アウトプット前提は欠かせない考え方ですね。

クライアントとのかかわり方で肩書が決まる

売りに肩書を添えると強みはハッキリと伝わる

「企画をつくる」→「企画を支援する」のように動詞を変えることで、強みは捉え直しができることをお話ししましたが、実は、この動詞というのは、人とのかかわり方そのものです。

特に、個人起業家として、新しいコンセプトで独立を考えている場合などは、クライアントとのかかわり方をそのまま肩書にすると、売りの伝わり方がより確実になります。

例えば、先の「マグロ漁船式人材コンサルタント」というのは、彼のマグロ漁船での経験を方法論（＝売り）としたものですが、マグロ漁船式だけでは彼が何者かがわかりません。

そこに人材コンサルタントという肩書がついた結果、人は、マグロ漁船式という彼の経験とその方法で職場を活性化してくれることが想像できます。

つまり、売りは、あなたが特定の強みを使って何をする人なのか？　まで理解されると、ハッキリと伝わるようになるのです。

そして、その何をする人か？　は、あなたがどのようなかかわり方でクライアントを助けたいのか？　で考えてみるとよいです。

例えば、

・教えるかかわり方が好きな場合は、「コンサルタント」「トレーナー」「インストラクター」
・引き出すかかわり方が好きな場合は、「コーチ」「プロデューサー」
・わかってあげるかかわり方が好きな場合は、「カウンセラー」「セラピスト」「コーチ」
・ズバッと指摘してあげるかかわり方が好きな場合は、「コンサルタント」「ディレクター」
・整理してあげるかかわり方が好きな場合は、「コンサルタント」「プランナー」「コーチ」
・寄り添ってあげるかかわり方が好きな場合は、「カウンセラー」「セラピスト」
・できるようにしてあげるかかわり方が好きな場合は、「トレーナー」「インストラクター」

といった感じです。

もちろん、言葉の持つニュアンスで賛否両論があるかもしれませんが、例えば、ズバッと指摘してあげるかかわり方が好きなのに、「カウンセラー」と名乗っていたら、言葉にならない違和感が伝わってしまいます。

違和感が伝われば、その分、売りの伝わり方も弱くなってしまうので、自分に合ったかかわり方を肩書にすることが大事です。

肩書を絞り込めば、売りもより一層輪郭がはっきりする

肩書を絞り込むとは、専門性を強調したり、提供側のサービスのレベル感を伝えることです。

例えば、セールストレーナーと言うよりは、「起業女子専門セールストレーナー」とすれば、誰向けのサービスか一目瞭然ですし、「メンタルコーチ」と言うよりは、「エグゼクティブメンタルコーチ」と表現すれば、経営者や管理職相手のコーチングを提供する人ということがわかります。

これも先の動詞の話で言えば、「コンセプトをつくる人↓コンセプトづくりを支援する人」に変わり、さらに、「コンセプトづくりを支援する人↓経営者個人のコンセプトづくりを支援する人」となって、肩書が、「エグゼクティブ・コンセプトプロデューサー」になるといった具合です。

ここまで表現すると、肩書１つで人の仕事内容がパッとわかるはずですし、肩書をサービス・商品名に変えて「エグゼクティブ・コンセプトプロデュースプログラム」としたら、それだけで商品コンセプトができたようなものです。

このように、コンセプトもそうですが、肩書も、またサービス・商品のタイトルも、サービス・商品の中身が入った段ボール箱のラベルと同じ機能を果たします。

情報洪水の世の中で、ラベルが判別できなければ中身まで見る人はいません。

また、その溢れるような無数の情報の中から、あなたを見つけてもらえなければ、決してビジネスにはならないのです。

今後のマーケティング活動も強みベースで考えてみよう

ビジネスの力の入れどころも強みで考える

以前、あるコーチ仲間から、「人間には、『コンテンツで売る人』『セールスで売る人』『キャラで売る人』の3種類がいる」という話を聞いたことがありました。

中々、上手い分け方だなと感心しましたが、確かに、人を見ていると、「そんなこと、絶対に無理！」ということをサラッとやってのける人は結構いるものですよね？

そういう人は、多分、あなたには想像できないような膨大なコンテンツを創り上げる人だったり、あるいは、魔法のように何でも売ってしまう人だったり、どう転んでもあんなオーラなんて自分にはあり得ないというくらい、キャラが立っている人がいたりします。

この分類で言えば、私などは、どちらかというと、コンテンツで売ることに快感を得るタイプです。自分が前に出るよりは、自分がつくったものを前に出したいし、それを評価して欲しい。セールスはできるが、コンテンツ自体がイマイチだとつまらなくなってしまう。

このような自分のタイプというのは、私は、「行動の強み」と考えていて、それによって今後のビジネスの力の入れどころは、変えたほうがよいと思っています。

それを説明する前に、先の「何で売るタイプか」を簡単に分類しておきましょう。

コンテンツで売る人は、まず書くことや勉強することが苦にならないタイプです。書いたり読んだりしながら、いつも、「何かコンテンツになるヒントはないかな？」と思っていて、ひらめいたら、俄然、力が湧いてきます。書くことが極端に苦手なのに、コンテンツで売ろうとすると、早晩無理が来るので、まずはそこが見極めポイントです。

次に、セールスで売る人は、説得の道筋を試行錯誤している人達です。この人達は、話すことはもちろん得意ですが、セールスレターなどを書かせたら、素晴らしいものを書き上げる人も多く、売る瞬間に最も快感を覚えるタイプです。

キャラで売る人は、多くの人を幸せにしたいといった博愛精神を持っている人が多く、アクティブに行動し、セミナー等の人前に出ることが大好きです。反面、コツコツ書く作業などは苦手な人が多いようです。

ところで、コンセプトを伝えるには、話して伝えるか、書いて伝えるかのどちらかですが、例えば、キャラで売るタイプが、ブログなどでコツコツ伝えようとしたところで、そもそも向いていないのですから、大変、非効率なやり方になります。また、コンテンツで売るタイプが、１日に10人アポ取りしましょうと言われても、体が言うことを効かないはずです。

コンセプトは、行動によってビジネスになりますが、自分のタイプにあった行動パターンを選ぶことが大事というわけです。

メイン媒体やサービスも自然にやり続けられることを選ぶ

自分に適した行動パターンは、ブログやフェイスブックなど、あなたのやっていることを伝える「メイン媒体」を選ぶことと密接な関係があります。

例えば、あなたは、「書くこと」と「初対面」は、どちらが苦ではないですか。

もし、書くことが苦ではないならブログによる発信が向いていて、初対面が苦ではないならフェイスブックが向いているはずです。

また、じっと考えるのは苦ではないが動き回るのはイマイチならブログ、その逆ならフェイスブックという傾向もあります。

これは、同じ「書くこと」でも、日常会話に近い内容が適しているフェイスブックと、どちらかというと読ませる内容が適しているブログの接しやすさの差なわけです。

メイン媒体の選び方の他にも、1対1でじっくり付き合うのが好きなら個人サポートをメインに活動し、グループの雰囲気づくりが好きなら研修などをメインに活動するなど、サービス・商品づくりも行動の強みは大きく影響します。

自分に合わない活動をずっと続けるのは、大きなストレスを抱えることはもちろん、ビジネスの結果にダイレクトに影響するので、メイン媒体もサービス・商品も、自然にやり続けられることを選びましょう。

自己紹介は強みを探す絶好の機会

自己紹介はあなたのマーケティングリサーチの場

自己紹介といえば、自分を最大現にアピールする機会とか、サービス・商品の魅力を伝える宣伝と捉えることが一般的な解釈です。

もちろん、それはそのとおりなのですが、自己紹介のメリットには、自分の強みを探す機会という側面があることを、多くの人は気づいていません。

もう少し正確に言えば、自己紹介の機会とは、自分やサービス・商品の強みを盛り込んだ「自己紹介文」のテストの場でもあり、その反応によって強みを見出す機会になるというわけです。

では、どのように強みを見出すかですが、これはまず自己紹介を受ける立場、つまりクライアント側に立って考えてみることから始めます。

まず、人というのは、自己紹介を受けたとき、次の3点を無意識に評価するものです。それは、

・P　人柄「パーソナリティ」……○○な感じの人だな
・F　事実「ファクト」……○○の経験をしてきた人なんだ、へぇ～
・B　期待「ベネフィット」……○○なことをしてくれそう！（ベネフィットによる期待の意味）

です。

例えば、あなたが名刺交換をしたとき、あるいは、何かのセミナーで誰かの自己紹介に対するフィードバックを返すとき、必ずその人に対する人柄・事実・期待のどれかを言うはずです。

反対に、あなたが自己紹介をしたり、名刺を渡したとき、「明るい人ですね（人柄）」「○○業界20年ですかぁ（事実）」「え？　例えば、○○を頼むことはできるんですか（期待）」といった反応が返ってきているはずなのです。

そして、その反応は、人柄・事実・期待のどれが多かったのか、また、具体的に何に食いつかれたのか、そこを注意深く見るわけです。

フィードバックには、あなたが期待どおりの反応もあれば、意外なところに食いつかれることもあります。あるいは、期待していたことがスルーされたり、全体的に反応が鈍いこともあります。

期待どおりの反応が返ってくれば、あなたは自分の強みをよく理解して、それがしっかり伝わった証拠です。また、意外な反応が返ってきたら、それはもしかしたら、気づいていない強みなのかもしれません。

期待していたことがスルーされたら、強みがしっかり伝わっていないか、訴求力がないことです。また、全体的に反応が鈍ければ、伝え方そのものを見直す必要があるのかもしれないわけです。

このように、自己紹介の場は、相手の反応から強みを見出したりテストしたりするマーケティングリサーチの場とも言えるわけです。

人柄 ＞ 事実 ＞ 期待の順で自分の強みを測ろう

では、人柄・事実・期待への反応によって、どれだけインパクトのある強みかどうかを知るには、どう考えればよいでしょう。

まず、考えられることは、多くの人が同じところに反応した場合です。

また、私が開催するセミナーでも、この自己紹介の反応を受け取るワークをやりますが、傾向としては次のとおりです。

・人柄に対する反応が多い場合

これは、残念ながら、強みがあまり伝わっていないか、そもそも強み訴求をしていない場合によく見られます。「楽しそう」「頼りがいがありそう」などの人柄評価は、裏を返せば、他にあまり言うことがないからという本音が見え隠れしています。

もし、自己紹介をしたとき、人柄しか反応がなかった場合は、次回は、一言で言える事実訴求を加えて、別の機会でいろいろと試してみましょう。そこで、事実への反応が出てくれば、以降、それを強化したほうがよいです。

・事実に対する反応が多い場合

これは、自己紹介としてはしっかり強みが伝わっている証拠です。

あとは、どの事実に対する反応なのか？　また、その事実が期待につながるものなのかをよく見ておくことです。

例えば、あなたが、「顧客は平均2倍の売上を達成」「山口県出身」「食べ歩きが趣味」と自己紹介したとして、出身地や趣味に反応されても、あなたのクライアントになる可能性は多くはないはずです。

しかし、「どんな人が2倍の売上になるのですか」「2倍はすごいですね」などの反応があれば、それは「私でも2倍になるのかな？」という期待が込められていることが推察できるわけです。

・反応が期待そのものの場合

これは、説明するまでもないですが、「私も2倍になりそうですか」などと尋ねられたり、「どのようにして売上を伸ばすのですか」と、さらに突っ込んで聞かれたりする場合です。

こんな反応が返ってきたら、いろいろある強みの中で、最優先に訴求すべき強み、つまり売りになるということです。

このように、返ってくる反応には、人柄へ事実へ期待という図式があることを覚えておくと、自己紹介の場が発見の場にもなって楽しくなるものです。

本当の強みとは理由なくやりたくなること

「それをやっている最中が好き」が大前提

「好きこそものの上手なれ」という諺がありますよね。

この諺は、誰でも好きでやっていることは、一生懸命、勉強したり工夫したりするので上達も早くなる、嫌々やったところで成長はない、という意味です。

つまり、強みは、「好きなこと」の延長線上にあるわけですが、売りとしてハッキリしてくるには、一定の時間がかかります。

大まかには、3段階を踏んで具体的になっていきますが、それは、

・第1段階：好きなことをやり続けた結果、それが自然に上達する
・第2段階：それが周りに認められて（ビジネスでなくても）強みと認識される
・第3段階：それをビジネスに組み込んだり方法論に昇華させたりして売りとなる

です。

このように表すと、多くの人は、そのとおりと言うのですが、売りがわからないという人の多くは、最初から第3段階のビジネスとして表された状態だけを考えてしまいます。

しかし、売りは、ビジネスにする創意工夫やその売りで実績をつくるなど、蓄積もいるから時間がかかるわけです。

このようなことから、これから自分のコンセプトを考える場合やもう1度原点に帰ろうとする場合は、「第1段階の好きなこと」を問い直すことです。

また、やり続けられる好きなことというのは、それをやっている最中が好きなのであって、何かをした結果が好きなのとは大きく異なります。

例えば、著名な作家になることにワクワクしているのに、いつまでも文章を書かないのは作家業が好きとは言えないし、優れたリーダーシップについてたくさんの文献を読み漁っているのなら、リーダーになりたいのではなく、リーダーシップを研究したい欲求のほうが強いということです。また、起業なども、「起業できた結果」や「稼いだ結果」ばかりに目がいき、コツコツ文章を書く、多くの人と接する、次のアイデアを練るといった起業の過程そのものは、本当は好きじゃなかったという事例もたくさんあります（その場合は大体うまくいきません）。

夢や憧れ、また目標を持つことはとても大事です。

しかし、売りにつながる「好きなこと」というのは、あくまでそこに至る過程そのものが好きなのかが問われるわけです。

売りがわからなくなったり、コンセプトに迷ったときは、先の3段階を意識して、「何かをやっている最中が好き、自分らしい、ワクワクすること」を自分に問いかけてみましょう。

テンション、モチベーション、インスピレーションの関係とは？

「好きなことは何か」と言われると、今度は「好きなことがわからない」という返事もたくさん耳にしますが、好きなことに理由はいりません。また、それが売りになり得るか、それでビジネスになるのか、といった予見も不要です。

逆に言えば、「理由はわからないけど、ついやりたくなってしまう」ということのほうが、本当に好きなことである可能性が非常に高いです。

少し話は飛びますが、よく何かのセミナーに行った後、興奮して「よし！　私もこれをやろう！」となることがありますよね？

このような気持ちの高ぶりをテンションといいますが、実際、テンションは中々長続きしないので、安定的なモチベーションのほうが大事といわれます。

しかし、もう1段、深い意欲というのは、頻繁にインスピレーションがわき起こることです。インスピレーションとは、その何かに対するヒントや改善策が理由なく湧き起こり、それを実行に移したくて仕方なくなる無意識的な反応です。

このような反応は、無意識に質問を繰り返しているから、その答えとしてインスピレーションが起こるわけですが、普段からどんなインスピレーションが起きているのかを自覚するには、次の３つを自問してみるとよいです。

それは、

・部屋にある本の多くは何を求めて揃えていったのか？
・どんどんお金を使ってしまう事柄は何か？
・つい心が動かされてしまう話題は何か？

です。

このような質問で、自分の行動を振り返ってみて、「やはり私はこれが好きなんだな」と降参するような、認めざるを得ないような気持ちになったら、それが売りにつながる好きなことです。

あなたの当たり前を見える化することが永遠の課題

車を「うまく」運転する方法を人に伝えるとしたら？

強みは、わかっただけではダメで、コンセプトに変えてビジネスにすることが大事とお話してきました。

また、それは、あなたの当たり前の中に漠然と存在していて、コンセプトはそれをコトバとして見えるカタチにすることですが、コンセプトが段ボール箱のラベルなら、その中身、つまりあなたのサービスをきちんと見えるようにすることも大きな課題です。

コンサルティングはコンサルティングでも、「何の、どんな」コンサルティングなのか。カウンセリングはカウンセリングでも「どんな進め方」をするカウンセリングなのか。

その「何の」「どんな」こそが、強みが無形サービスというカタチになったことなのです。

しかし、この「何の」「どんな」をカタチにするのは中々大変です。

例えば、車の運転の仕方を順序立てて人に伝えることは、免許を持っている人なら、「キーを入れて、エンジンをかけて、ブレーキペダルを踏んで…」と簡単にできるはずです。

しかし、これが、「うまく」車を運転する方法を人に伝えるとなるとどうでしょう？　非常に難しいはずです。

車の運転ももちろんですが、どんなことでも、繰り返された「思考」「喜怒哀楽」「体の動き」は、やがて無意識になり、自分では中々認識できなくなります。したがって、これを説明するのは難しい。

でも、人は、この「うまく」に興味があります。

そして、あなたの当たり前を見える化するとは、これと同じなのです。

もし、あなたが優秀な営業マンだとしたら、うまく営業できる方法をどうやって人に伝えますか。もし、あなたがアナウンサーだとしたら、人前でうまく話したりインタビューするのは、何を意識して、どんなことを練習すればよいでしょう？

営業マンでも、アナウンサーでも、仕事をしている本人は、それが当たり前になっていますが、ビジネスとしたとき、あなたの目の前には、それが当たり前ではないクライアントがたくさんいます。

そのクライアントに喜んでもらうためには、あなたが無意識に「うまく」できてしまう当たり前を、事細かく思い出し、それを誰でもできるように順番に並べ、躓くポイントや勘違いしがちなところを押さえておく必要があります。

つまり、強みがビジネスとしてカタチになるというのは、あなたによって「人の何かがうまくいく」ことなのです。

これは、最初はとても難しく、また相手あってのものですからとても奥が深い。

でも、だからこそ、永遠の課題として飽きずに取り組むことができるのですね。

自分だけの仕事術が何百万円の売上に！

強みがビジネスとしてカタチになるとは、一口に言うとコンテンツになることです。

例えば、セミナー、個人セッション、教材、書籍、研修といった「商品」ですね。そして、このような商品パッケージから逆算しても、思わぬ強みの発見につながることもあります。

例えば、私は、時々「超！　スケジューリング術マスター講座」というセミナーを開催します。これは、個人起業家として独立すると、自由な分、どうしても時間管理が甘くなってしまい、「よりよい時間管理術があったら教えて欲しい」という声から企画したものです。

ところが、私は、最初この声を聞いたとき、全くピンと来ませんでした。

広告会社は、複数のプロジェクトが同時進行し、スケジュールとの戦いの日々です。

勤めていた頃は、机の横にそれぞれのスケジュール表が入ったファイルが山積みになっていましたが、私は何度も納期ギリギリまで追い詰められた経験から、独自のスケジューリング術を編み出し、それを自分のためだけに使っていました。

そして、20年近くもそれをやっていると、いつの間にか「こんなの当たり前」「別にこのワザを欲しがる人なんていない」とすっかり思い込んでいたのです。

しかし、せっかくのリクエストに応えないわけにはいきません。そこで、独自のスケジューリング術を皆が応用できるように、セミナーにして開催することにしました。

他のコンサルタントからは、「そんなのがセミナーとして成り立つのか」と言われましたが、フタを開けてみたらかなりの好評で、結果的に、このセミナーをきっかけにした売上は数百万円にも及んだのです。

このように、当たり前を見える化するというのは、強みやコンセプトという根幹的なこともそうですが、もっと末端の小さなことにもたくさんネタがあります。

私のスケジュール管理術のように、あなただけの仕事術、あなただけの子供をやる気にさせる声のかけ方、あなただけの一瞬で落ち込んだ気持ちがスッキリする呼吸法など、どんな人にも必ずネタがあります。

あとは、それをどこまで信じて、頑張ってカタチにするか。

これをやり切る人が、強みを生かした仕事ができる人なのです。

あなたの小さな「ワザ」から強みを探してみよう

前述の私のスケジューリング術は、私全体のコンセプトにつながる強みというよりは、むしろ、1部分を切り出したワザです。

スケジューリング術が、当時の私のコンセプトである「ライフワーク起業」とドンピシャに合致しているわけではないですが、どんな強みがビジネスになるかは、中々、予測はできないものです。

したがって、下手な鉄砲も数打ちゃ当たるではないですが、あなたが持っている小さな仕事術、何かの資格を取った中にある得意技を少しでも思い浮かべられたら、ぜひ、それを何らかのカタチにしてみましょう。

例えば、次のようなものは、簡単にカタチにできると思います。

① クライアントとのセッションや面談で使うワークシート

コンサルティングでもカウンセリングでも、初対面の人と円滑に話を進めていくには、クライアントに予め記入してもらったシートをもとにすると、話はとても進めやすくなります。

例えば、あなたが、「人を笑顔にするのが得意」なら、過去に一番嬉しかったことをクライアントに書いてもらえるような質問と記入欄のあるワークシートをつくってみましょう。

それをもとにクライアントに話してもらうだけでも、それはカウンセリングセッションとして十分成り立ちます。それがあなたの強み（＝笑顔を引き出す）を表したツールになるわけです。

② ブログ記事にして、それをまとめて小冊子などにする

あなたなりの「人を笑顔にするコツ」があるとしたら、それをブログ記事などに書いてみましょう。いくつかの記事を後でまとめて小冊子などにしたら、それはもう立派なコンテンツです。

このように、強みかも？　と思えたことは、何も私のようにセミナーにしなくても、カタチにすることで強みは顕在化できます。そして、これが積み重なると、やがてそれは本物のノウハウになっていくわけです。

第3章

コンセプトは顧客との間で本物になる

あなたにお金を払ってでも相談したい人は必ずいる

顧客層をコンセプトの公式で表してみると

第1章と第2章で、コンセプトの公式に入る「肩書」「売り」についてお話してきました。ここでもう1度、第1章で挙げたコンセプト例文を思い出していただきたいのですが、それは、

① 自分に自信のない人に、コーチングと褒め習慣で自他肯定感を最大にする褒め方の達人
② NLPと傾聴でワンランク上のコミュニケーションになる聞き方の専門家
③ 複雑なビジネスモデルでも1分で伝わる図解チャート・プレゼンテーションコンサルタント

でした。

そして、この例文の肩書は、「褒め方の達人」「聞き方の専門家」「図解チャート・プレゼンテーションコンサルタント」、売りは、「コーチングと褒め習慣で」「NLPと傾聴で」「図解チャート・プレゼンテーション」です。

そして、顧客はどれかというと、①は「自分に自信のない人に」、②は例文では省略されていますが、「ワンランク上のコミュニケーション力をつけたい人」、③も省略されていますが、「複雑な内容のプレゼンに苦労しているビジネスマン」です。

では、今度は、あなたがこの顧客層をこれから決めていく場合、どのように考えたらよいでしょ

う？

これは、既に個人でビジネス経験がある場合は、これまでの顧客の傾向を見てコトバにできると思いますが、まだそこまでいかない場合は、代表的な切り口があるので、ここでご紹介しておきます。

顧客層を決める代表的な切り口

①　過去の自分のような人

強みとは、人が何かに苦労したり、壁にぶち当たったりして、それを克服していく中で、身についていくとお話しました。

また、人は、悩みの渦中にいるときは、それを克服した人から何とかしてアドバイスやコツをもらいたいと思うものです。

つまり、あなたが持っている克服体験によって、まだ克服していない人達がそのまま顧客になるというわけです。

例えば、売れないセールスマン時代を乗り越えた人なら、駆出しセールスマンが顧客になり得るし、女性の立場をわかってもらえない男性ばかりの職場に苦労した経験を持つ人なら、たった今、それに悩んでいる女性が顧客になり得ます。

また、何かのスキルや技術を学んで、ある程度の域に達した人なら、同じスキルや技術を学ぶビギナー層も顧客になり得ます。

このように、過去にあなたが苦労し、それを乗り越えた経験があれば、その渦中にいる人は、そのまま顧客になり得るのです。

② あなたが当たり前にできることがうまくできない人

これは、私が広告会社で身につけた企画スキルが強みになった話のように、あなたが当たり前にできることが、なぜかできない人も顧客になり得るということです。

そして、これを見出すには、次の質問を考えてみるとよいです。

・あなたのことを「すごい」などと褒める人は、どんな人で、自分の何についてそう思うのか

・あなたが、「なぜ、これができないのか」とイライラする人と、その内容とは何か

最初の質問は、もしそんな人がいたら、確かにこれから顧客になり得るかもしれないとわかると思います。ただ、この質問に答えづらい場合は、2つ目の質問のあなたがイライラする人とその内容を考えてみてください。

例えば、あなたが会社に勤めていて、「何で、こんな簡単な事務作業にそんなに時間がかかるんだ！おかげでこっちまで遅れてしまう！」とか、「何で、お客様に対してそんなに無愛想でいられるんだ！お客様あってのうちの会社という自覚がないのか！」といったイライラは、数え切れないほどしていると思います。

会社での仕事というのは、決められた労働時間と給料の中で、分担しながら進めることが多いため、思うように進まないとイライラするのは当然です。

また、事務作業や愛想がうまくできなくても労働時間や給料は変わらないので、イライラさせる当人は特に困りもしません。

しかし、1歩会社の外に出てみれば、事務作業がうまくできなくて困っている個人やすごいスキルがあるのに愛想がないばかりに顧客が取れずに悩んでいる人はたくさんいます。

すると、それをできて当然のあなたは、その人にとっては救世主に変わるわけです。

このように、「誰かの何かにイライラする」のは、「誰か」があなたの顧客、「何か」があなたの強み、なのです。

問題は、当人達がそれにどれだけ困っているかですが、困っている人が多ければ大きな市場だし、少なければニッチ市場ということです。この市場の考え方は後でご説明しますが、まずここでは、自分の顧客層の決め方という視点で考えてみてください。

顧客を丸裸にするくらいに知り尽そう

顧客層のライフスタイル、価値観、望むこと、その理由まで考えてみる

顧客層を考えるとき、一般的なのは、彼らの性・年代、未既婚、職種といった属性で区切ることです。「アラフォー女子向けの婚活相談」などは、まさに属性で顧客層を決めている典型例です。

しかし、物事は、そう簡単に属性だけでは区切れないし、アラフォー女子と言っても、アウトド

ア派や都会派、また子供の教育に熱心な人もいれば、自由に伸び伸びさせたい人など、人それぞれライフスタイルや価値観が異なります。

また、あなたが、顧客層のイメージを詳しく頭の中に描けているほど、似た意味のコトバのどれを選ぶべきかもわかってきます。

例えば、「深層意識」「潜在意識」「宇宙意識」というコトバは、厳密には意味は違いますが、顕在意識の対義語的なコトバとして括ることはできます。

また、深層意識は、知的なニュアンスを好む層に響きやすく、宇宙意識はスピリチュアル好きに、潜在意識はもう少し一般層といった推察ができます。

さらに、このような顧客層の好みがわかるほど、顧客が憧れていることをノンバーバルに伝わる世界観として表現できるので、顧客もあなたのビジネスを深く理解し、期待を持ってくれる確率が高まるわけです。

世界観の例を挙げるとすれば、日本で一番売れているビールは、男性的でシャープで音楽で言えばロックが似合う感じです。

もちろん、これはメーカー側が、コンセプトをもとにそういう世界観を伝えようとしているからそうなっているわけで、これは企業だけでなく、個人でビジネスをする場合でも同じです。

例えば、もし、あなたが男女を問わず転職の悩みに応えるカウンセリングをやろうとするとき、ホームページのデザインが淡いピンクばかりを多用したら、まず男性客は来ないだろうし、普段のブログなどのメッセージが、友達コトバのような文体だったら、当然、転職の悩みに応えてくれそうな気がしませんよね？

コンセプトを伝えるホームページやブログ、あるいは体験の場となるセミナーでも、体験会でも、それらはすべてコンセプトをもとに、デザイン、色使いなどに一貫性を持たす必要があります。

したがって、顧客層を決める際は、彼らのライフスタイル、価値観、好みなどまで、深く理解しておくことが大事なのです。

ちなみに、私のセミナーでは、顧客層をイメージする際、ライフスタイルや価値観に加えて、その人が望んでいることやその理由までもイメージしてもらいます。

そういう深いところまで想像できる人ほど、説得力のあるコンセプトワードを思いつきやすく、普段のブログなどのメッセージも心の深いところに届き、セミナー等の企画力も高くなる傾向にあります。

要は、どこまで顧客のことを知り尽しているかにかかっているということなんですね。

習熟度を軸にすると顧客層を決めやすくなる

個人向けのサービスの場合は、属性、ライフスタイルや価値観に加えて、もう1つ重要な軸があります。

それは何かというと、「習熟度」です。

習熟度とは、顧客層が自分の求めていることにどれだけ熟達しているかのことです。

例えば、ビジネスコンサルティングを受けたいと思っている人でも、これから起業する人と既に年商数千万円を上げている人では、求めることが全く異なります。

前者はまさに起業ノウハウそのものを欲しがり、後者であれば次の事業コンセプトを探していたり、リ・ポジショニングの相談に乗って欲しいニーズが高くなります。

また、従業員数が数名の経営者の関心事は売上や利益が主ですが、従業員数50名を超えた辺りの経営者の主な関心事は人材育成への比重が高まっていきます。

更に、ＮＬＰや語学などのスキル系でも、初心者と中・上級者では求めるものが違うし、心理セラピーを必要とするメンタル不全でも、軽度と重度ではセラピストに求めるものが異なるのです。

このように、ビジネスでもスキルでも悩みでも、高度なものを求められるのか、あるいは一般的なもので十分なのか、その習熟度に応じてニーズが変わるわけです。

私は、クライアントの顧客層を考える際、ポジショニングマップの縦軸をこの習熟度で表して、横軸はクライアントと相談しながら決めていくケースが多いですが、習熟度はどんなケースにも当てはまる便利な考え方です。

また、高い習熟度を狙う場合は市場が小さく、その逆は市場が大きいのが常であり、市場が大きければライバルも多く、その反対はライバルも少ない。

どちらも一長一短ありますが、自分はどちらを相手にすると長く続けられそうなのかも、顧客層を決める重要な判断材料です。

人は解決・発見・達成のどこかに必ず課題を持っている

解決・発見・達成のどこにいる人を顧客にするか

第2章で、人とのかかわり方で肩書が決まるお話をしましたが、今度は、相手の立場になったとき、その人達がどんな課題を持っているかを考えることも、顧客層を決める際に欠かせない考え方です。

例えば、あなたが何か心に悩み事を抱えていて、なぜその問題が起こるのか、その悩みの原因とは何かが自分ではわからないときがありますよね？

それが、自分では手に負えないと感じるとき、多分、あなたは心理セラピーやカウンセリングの情報を探して、必要であればセッションを受けて、何とか「解決しよう」とするはずです。

また、他にも、体の具合が悪い、ＰＣのトラブルが発生した、恋人にフラれて参っている、金銭トラブルに巻き込まれたなども同じです。

体の場合は医者、ＰＣトラブルはその方面のコンサルタント、恋愛系も専門のカウンセラーがたくさんいるし、金銭トラブルなどは弁護士かもしれません。

いずれにしても、このような状態は、解決の領域にいるということで、あなたが解決をサポート

〔図表6　成長の３領域〕

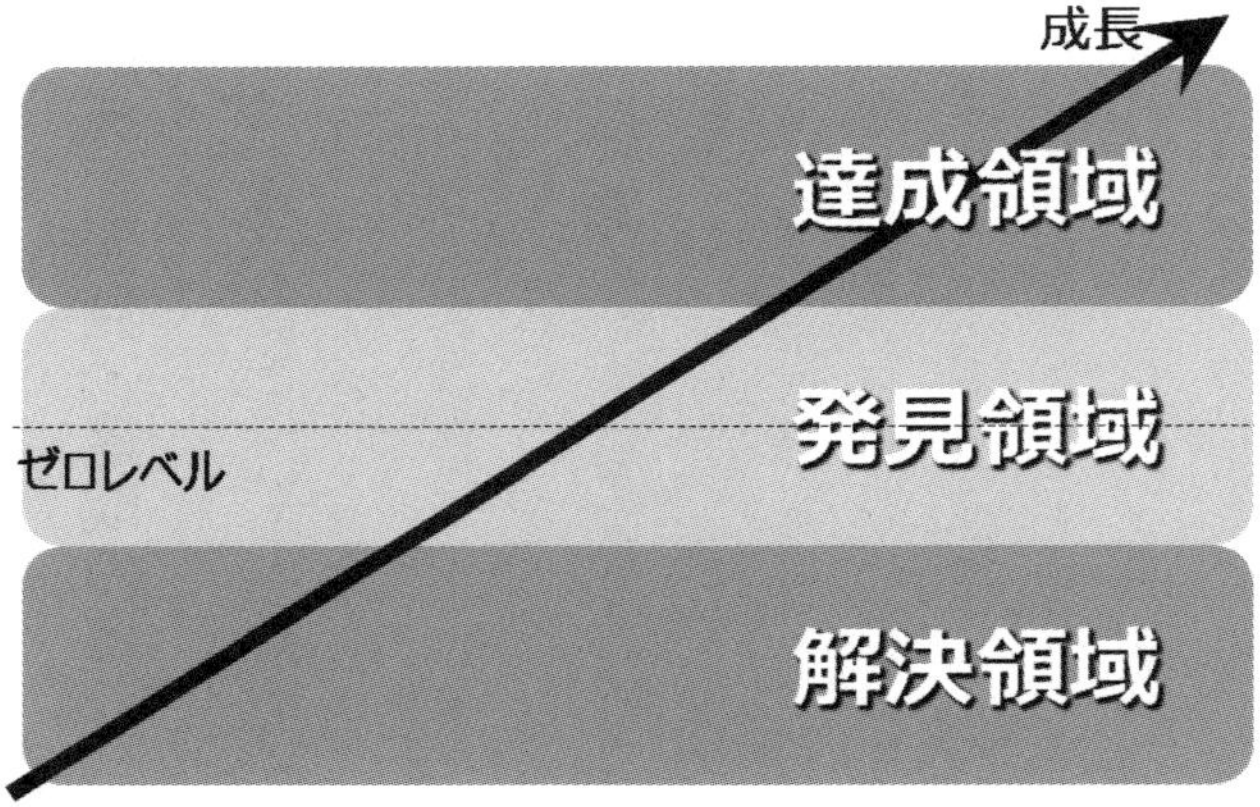

するカウンセラーやセラピスト、また、解決を取り扱う士業系の人なら、この悩みを解決したい領域にいる人が顧客層ということです。

次に、発見の領域です。

人は、何らかの問題が解決すると、次の目標を見つけたくなる心理状態になるものですが、発見の領域にいる人とは、まさにこのことを指します。

例えば、心身の不調に悩んでいた人が、何らかの理由で健全に動けるようになったとき、今度は、前向きに生きようと、次の目標を見つけたくて仕方なくなる状態などです。

これらの悩みもまた深く、天職とは何か、次の事業コンセプトは何か、人生の目的は何かなど、多くの人が人知れず苦しんでいます。

また、解決の領域が、マイナスからゼロに向かうエネルギーなのに対し、発見の領域は、マイナスからプラスに変わるエネルギーですが、もし、あなたがコーチやプランナーだったら、この発見の領域にいる人達が顧客になります。

そして、達成の領域ですが、人は、何か目標を発見すると、今度はそこを目指して行動するようになります。

このときは、充実感を味わう反面、ゴールまでの様々なハードルにぶち当たって、多くの悩みを抱えます。

例えば、憧れの資格を取るためには、様々な専門知識を覚えなければならないし、ビジネスで目標売上を目指すのなら、これまで以上の効率化や未体験の仕事にチャレンジする必要も出てきます。

その過程で味わう経験不足や知識不足、失敗して落ち込むなどの試練…。その不足や試練を、豊富な経験と専門知識でサポートしてくれるコンサルタントやトレーナーがいたら、きっと相談したくなるでしょう。

このように、この何かを達成しようとする中で、誰かに相談したくなる状態が達成の領域にいる人ということです。

すべてを対象にするのは避ける

一口に悩みと言っても、解決の領域にいるときの「この痛みやピンチを助けて欲しい」という悩みもあれば、発見の領域のように「自分では気づけない何かを見つけたい」などの漠然とした悩みもあります。また、達成の領域のように、充実感と共にある具体的な悩みもあります。

そして、人は、何かを達成したら、また次の目標を探す発見のステージに行くか、あるいはトラブルなどの運命的な強制終了がかかり、新たな解決の領域に進むなどして成長していきます。

このように悩みとは、広く深く、内容も様々ですが、ビジネスを提供する側として注意点があるとすれば、解決・発見・達成の悩みすべてを対象にすることは避けたいということです。

なぜかというと、仮にあなたが、解決も発見も達成も全部対応できる能力があったとしても、人は無意識のうちにあなたを解決専門の人、達成をサポートしてくれる人と色づけして見ようとするからです。

ダメなコンセプトというのは、「全部できます」「何でもやります」と言うものです。それは、イコール、あなたが何の専門なのかわからない、特徴のないコンセプトなのです。

コンセプトとは、あなたが選んで欲しい人から選ばれるためにつくるものです。そのためには、「人とは違う」「他には見当たらない」「あなただから頼みたい」と感じさせるものでなければなりません。

したがって、多くの人に選んで欲しいからと、広い領域をカバーしようとせず、対象外の顧客層を先に捨ててから、コンセプトづくりをするのが賢いやり方です。

どんな人のどんな悩みにの表現方法

悩みにピンポイントで迫ることがコツ

人の望みは単純で、多くの人が望むことは同じですが、悩みは人それぞれ千差万別です。

また、望みの反対が悩みといったコインの裏返しの関係ではなく、1つの望みに関する悩みは実に多岐にわたります。

例えば、「モテたい」は多くの人が持つ望みですが、悩みは「モテない」ことかと言われると、そんな単純なことではありません。

例えば、パートナーが中々見つからない女子の悩みは「モテない」のではなく、「仕事が忙しい」「自分に自信がない」「職場によい男がいない」「元彼が忘れられない」「結婚を迫ると逃げられてしまう」「ダメンズとのイタイ経験がトラウマ」「婚活に疲れた」「嫉妬深い自分がイヤ」「実は男が気持ち悪い」「こちらばかり好きになってしまう」「女性からのアプローチ方法がわからない」「恋愛感情がモテない」など、実に多種多様な悩みがあるものです。

また、それは、「婚活に疲れて、知り合う機会が減って、結果、モテないと悩んでいる」のか、あるいは、「元彼が忘れられず、恋愛に及び腰になり、結果、結局モテないと悩んでいる」のかによって、求めることは全く異なるわけです。

人を惹きつけるコンセプトは、「そうそう！　まさに私のためにある！」と自分事と思ってもらえることです。

そして、それは、当人が抱えている悩みをドンピシャに言い当てるほど魅力的に映ります。

もし、あなたが恋愛や婚活に悩みを抱える人が顧客層の場合、「モテない悩みを抱えている人に」というのではなく、「ダメンズのトラウマを抱えるアラサー女子に」とか、「婚活に疲れ気味の頑張り女子に」というふうに、できるだけ悩みにピンポイントで迫ることがコツです。

また、この悩みを考えるときも、なぜ、ダメンズのトラウマがぬぐい去れないのか、どんなダメンズが傾向として多いのかや、婚活に疲れるとは具体的にどんな状況で、そのときに湧き起こる感情とは何なのかまで考えるほど、彼女たちのハートをガッチリつかむコトバが出てくるのです。

前述した顧客を丸裸にするくらい知り尽すというのは、イコール、金脈となるコトバを探り当てる作業そのものです。

自分の顧客は、「自信がないと悩んでいる」「売上が上がらないのが悩み」といった漠然と捉えるのではなく、どのように自信がないのか？　自信がないとどうなってしまうのか？　売上が上がらない三大要因とは？　売上が上がらないことが本当の悩みなのか？　もしかしたらもっと他に悩みがあって、それを売上不振のせいにしているのではないか？　まで想像することが大事です。

望みを表すのはダメなのか

人の望みは単純だからと言って、それをコンセプトにできないわけではありません。

例文の「複雑なビジネスモデルでも1分で説明できる」というのは、多くのビジネスマンが持つ、うまく伝えられないという悩みが解消されることを暗示していますが、同時に、「できるビジネスマンになりたい」「上司に評価されたい」「もっと効率よく仕事をしたい」という望みにも訴えています。

そして、このような望みをコンセプトに使いたい場合でも、「できるビジネスマンになりたいフレッシュマンに」「一発で上司の信頼を得たいミドルマネージャーに」「仕事効率化で時間を生み出したい働くママに」といったピンポイントな表現をするほど、顧客もそれを自分事として捉えてくれます。

また、悩みに対応する職種は、セラピー、カウンセリングといったマイナス領域を対象とするのに対し、プラス領域で勝負したい人というのは、むしろ、このような望みをコンセプトに使うべきです。

さらに、一般的に緊急性の高いニーズに対応するサービスほどよく売れるので、悩みでも、望みでも、それをピンポイントで表すこと、そして、漠然としたコトバで括らないことです。

多くの人と接してきて痛感することは、漠然としたコトバしか出さない人は、ずっとよいコンセプトができないということです。

また、コンセプトが決まらないと、普段のメッセージも印象が薄くなるスパイラルに陥り、売上も中々上がらなくなるわけです。

顧客の気持ちをわかるためにも、あなた自身が何かのサービス（特に高いモノ）にお金を払う直前までどんな悩みや望みを抱えていたかを思い出してください。

そのときの気持ちや心の中のセリフまで思い出すと、顧客の悩み望みも、もっと深いところが見えてくると思います。

悩みの図星を突いたコンセプト例

解決領域を扱うセラピーやカウンセリングは悩みの図星をどこまで突けるかがカギ！

悩みにピンポイントで迫るのがコツとは言え、それを推し量り、さらにコトバにするのは中々難しいものです。

難しいから皆、「気分がすぐれない」「人が怖い」などと、ザックリ括ったコトバで表現してしまうものですが、これでは顧客の悩みの図星にはほど遠いと言わざるを得ません。

また、試しに、駆出しのセラピストやカウンセラーをネットで検索してみてください。彼らの多くが、このようなザックリ表現のオンパレードのはずです。

このような横並びから抜け出し、顧客層から「これこそ私のためにあるサービスだ！」と思ってもらうために、悩みの図星を突く必要があるわけです。

そして、その悩みの図星とは何かというと、それは顧客が悩んでいるときに、頭の中にこだまするセリフです。

これをうまく突いたのが、主婦からセラピストとして起業し、今では全国を回ってセラピーやセミナーをやっている江上ユキさんです。

江上さんは、セラピーのスキルを身につけた後、それをビジネスにしていくために、私のセミナーに参加されました。

私は、セミナーでコンセプトワークをするときは、参加者にアイデアを書いてもらいながら、私が赤字を入れたり、他の参加者に意見をもらいながら、20秒コンセプトのコトバを整理していきます。

そして、江上さんが自分のアイデアを書く番になり、ボードに書かれたたくさんのコトバの中で、ふと、「意志の力では変えられない感情」というコトバに私は注目しました。

人は、悩んでいるとき、どこからか湧き出てくる苦しい感情をどうすることもできず、どんなに明るくなろう、強くなろうとしてもどうすることもできないものです。

また、同時に、「この悩みの感情は意志や努力ではどうすることもできない…」と無力感に苛まれているはずなのです。

ところで、彼女のセラピーの特徴は、悩みができた親子間の場面に遡って、感情を根本解消しながら問題を解決することです。

江上さんとのやりとりで、「意志の力では変えられない感情を根本解消する感情クリアリングセラピー」というフレーズができ、親子間の場面については、その前に「親子問題を解決して」と添えるようにしました（※その後も改良を加えています）。

結局、そのコンセプトでいくことにした彼女は、その後3年以上にわたって、そのコンセプトを使い続け、今ではプロフェッショナルとして安定的にビジネスを成長させています。

まさに、悩みのピンポイントを突いたコンセプトが当たったよい事例です。

悩みの図星はサービス設計や告知文でも同じ

コンセプトよりもっと細かな話ですが、悩みの図星を突く大切さは、あなたがこれからつくるサービスやセミナー参加を呼びかける告知文でも同じです。

前述の江上さんも、コンセプトは当たりましたが、当初、サービスの対象者に向けて「子育てが辛い人」「人間関係がうまく行かない人」といった表現をしていました。

しかし、その後、経験を積んで、顧客事例もたくさん溜まったので、私は、まず、この誰向けのサービスかの表現を詳しくすることを提案。

その結果、「子供が暴れるなど反抗的で、どうして接していいかわからず途方に暮れている」「家族や子供にイライラしたり、キレたり、叩いてしまい、わかっていても止められない。子供の寝顔を見ながら、毎晩、心の中で謝っている」という臨場感のある表現に改善されました。

このような表現は、まさに意志の力ではどうしようもできない感情に振り回されている人の心模様そのものです。

このような修正だけで、その後、申込みがポンポン入ったとのこと。

悩みの図星を突くことが如何に大切か、そしてまた、図星を突けば突くほど、顧客の心は動き、それがお金となって返ってくる典型的な事例です。

あなたの顧客層を決めるプロセスとは？

あなたを必要とする顧客層は実践しながら明らかになっていく

過去の自分や自分の当たり前を欲しがりそうな人から、あなたの顧客になると言われても、すぐにはピンと来ないものです。

特に、これからビジネスを立ち上げようとする場合ならなおさらです。

「こんな人のこんな悩みに、こんな強みで、こんなよいことになる〇〇〇」の中に、いくらコトバを出し入れしても、実際に顧客があなたのサービスで喜んでくれて、対価を支払ってくれるまでは、中々、実感を持てないのも仕方ない話です。

だからこそ、最初に出すコンセプトは、反応を見るためのものという捉え方をしておくことです。

前述の自己紹介の反応を探ることもそうですが、そもそも先に自己紹介の内容を決めておかないと、反応も何もないですよね。

コンセプトもそれと同じ。同様に、顧客層を決めることだって、初めのうちはすべて仮説です。ただ、何の道筋もなく仮説を立てよと言われてもやりようがないから、コンセプトのつくり方をお伝えし、仮説をつくりやすくしているわけです。

したがって、「顧客層を決める」「それをコンセプトとしてコトバにする」ことは、7割程度の納得感があれば、まずは出してみてください。

出すというのは、人に言う、ブログで伝える、とりあえず名刺をつくって名刺交換をしてみることです。そうして実際にやってみて、どんな人が興味を持ち、どんな人はスルーするのか、その実体験を積むことが何よりも大事だし、実体験以外に手応えをつかむことは決してできません。

そして、その結果をもとに、新たに練り直す仮説検証をどれだけ繰り返すことができるかです。

成功コンセプトはもちろん、コンセプトの成功要因である「どんな人のどんな悩みに？」は、このような実践の中で、段々と正解がつかめていくものです。

自分のしたいことと顧客が必要とすることの差を見極めよう

ただ、そうは言っても、なるべくなら成功確率は上げたいものです。

そこで、ここでは、顧客層を決めるときに、多くの人が間違えやすい点をお伝えしておきます。

まず、よくあるのが、自分のしたいことを顧客が欲しがることと勘違いしてしまうことです。

例えば、風通しのよい組織をつくりたい人が、コーチングの技術に感動して、「コーチングで会社を元気にしたい人を応援します！」と打ち出したり、起業したくて仕方ない人が、「あなたの起業を全力でサポートします！」という場合です。

ここで考えなければならないのは、あなたは、「応援します」「全力でサポートします」という人にお金を払いたいと思うかということです。

お金を払うのだったら、会社を元気にしたい人より組織改革のプロに頼むだろうし、起業したい人ではなく既に起業してクライアントを持っている人に相談したいと思いますよね？

このように、自分のしたいことを考えるのは大事ですが、ビジネスを考えるときは、「自分の強みで誰かの悩みや望みに応えられるポイントを見出すこと」が必要不可欠な視点です。

では、あなたが、ちょうど組織活性化に向けてコーチングを学んでいる最中だったり、起業準備中だったら、組織改革したい人や起業したい人を顧客層にできないのでしょうか。

結論から言うと、諦める必要はありません。

ただし、最初から組織改革や起業と言っても説得力がないので、そこは工夫が必要です。

まず、このような自分のしたいことに気持ちが行ってしまう場合は、組織改革や起業という大きなゴールではなく、そこに至るまでのもっと細分化された事柄を考えることです。

例えば、組織の風通しをよくする前提となる現状分析をサービスとしてみるとか、起業に至るまでのプロフィール作成をサービスにするなどです。

もちろん、これらの例も、それができることが前提ですが、最終ゴールまですべてを解決できなくても、その1部なら助けられるのであれば、それを表すコトバを入れて「○○な人の○○な悩みに、○○で」のコンセプト文を穴埋めしてみてください。

悩んでいる人は多い。自分はすべてをサポートできないが1部ならできる。それならば、その細分化されたコンセプトでやってみて、少しずつ経験を積み重ね、そこから徐々に最終ゴールまでサポートできるようにするのが現実的な道程です。

当然、そこに至るまでには時間もかかりますが、この道程こそが、あなたの本当の顧客層と出会う確実な方法なのです。

今、成功している人達は、こうして実践しながら現在に至っている人がほとんどです。

ベネフィットはサービス後の顧客の嬉しい状況を表すコトバ

メリットとベネフィットの違いを理解しよう

ここまで、「どんな売りで?」「どんな人のどんな悩みに?」について説明してきましたが、ここからは、「どんなよいこと?」についてお話します。

この「どんなよいこと?」というのは、マーケティング用語で言うと、ベネフィットと呼ばれるもので、直訳すると利益という意味です。

利益というのであれば、メリットと言えばよいのでは? と思われるかもしれませんが、メリットとベネフィットでは、厳密に言うと少し意味合いが違います。

例えば、あなたがスポーツカーを買いたいとしたら、カタログやカーディーラーを回って、この車はスタイルが流線型で格好よくて、あっちの車は馬力がいくらで…と、性能やスタイルを検討しますよね?

このようなスタイルや性能など、商品そのものの利点のことをメリットといいます。

これに対してベネフィットとは「その商品・サービスを手にしたことで得られる未来」のことをいいます。

車の例で言えば、格好いいスタイルの車で「デートの武器になる」とか、運動性能のよい車で、「遊び心を持った大人になれる」など、手に入れた後、どんなことが起こるのかを示すことです。

これをコンサルティングやセラピーなどの対人支援に置き換えた場合は、そのコンサルティングやセラピーを受けたことによる未来、言い換えると、サービスを受け終わったときの姿（アフター）とはどんな姿なのかが、ベネフィットに当たるというわけです。

例えば、アスリート専門のメンタルコーチが、「ここぞと言うときのイップスに悩まされることがなくなる」とか、マナーコンサルタントが、「面接で絶対に信頼される」などです。

そして、コンセプトを構成する4要素の中で、このベネフィットをどう描くかが最も大事で、また最も難しく、多くの人がベネフィットの表現に苦しみます。

なぜ、難しいのかというと、ベネフィットは、売りと顧客層の悩みがわからない限り設定のしようがないからです。

初めてコンセプトをつくるときは、自分の売りも顧客層もその悩みもすべて手探りのはずです。その手探りの上に、さらに自分のサービスを受けた顧客の未来をコトバにするのですから、最初は想像の上に想像を重ねる以外にありません。

また、あなたの売りが顧客層の悩みの解決や望みの達成にうまくハマるかも重要です。

例えば、キャビンアテンダント時代に培ったマナーや接客スキルが売りなのに、「あなたの使命がわかります」と訴求したら、何か違和感がありませんか？

しかし、実際、このような売りと顧客層とベネフィットがズレているというケースは山のようにあり、これこそがいくら頑張っても売れない要因です。

強み、顧客層、ベネフィットがうまく合致すること、これがコンセプトづくりの最大のハードルなのです。

「売れるけど怪しい」ｖｓ「信頼できても買うまではない」

ベネフィットは、サービスを受け終えた後の状況、つまり、アフターのことですが、ちょっと乱暴に考えると、あなたのサービスに申し込む直前の顧客の望みが叶うことを言うと、とりあえずはベネフィットになります。

例えば、

・「こんな金欠が続く生活はもうまっぴらゴメンだ！」↓「すぐに月〇万円のキャッシュになる」、

・「このままじゃアイツに出世で負けそうだ。ヤバイ！　手っ取り早く挽回する方法はないのか」↓「上司のライバル評価を不審がられずに下げる」、

・「今すぐ、原因不明の落込みを何とかしたい！」↓「不可解な感情エネルギーの正体がわかる」

などです。

さて、これらを見て、あなたはどのように感じますか。

窮地に陥ったとき、そんなすごいサービスがあったら手を出してしまうかもしれないな…と感じたでしょうか。それとも、何となく手が出しづらい感じがしたでしょうか。

ちょっと例が極端だったかもしれませんが、実際、この手の顧客の裏欲求を突いたベネフィット表現に手を出す人は一定数いて、これがまた、結構売れるのです。

しかし、一方で、人間の心理はとても複雑で、裏欲求（＝本音で欲しいこと）が満たされそうになると、それに比例して疑いが生じるようにもなっています。

先の例を見て、「そんなうまい話があるわけがない」「相手の評判を落とすやり方なんてフェアじゃない」「不可解な感情とか、何かおどろおどろしいな…」と感じるのはまさにそれです。

このようにベネフィット表現は、裏欲求を突くようなインパクト重視でいくと、売れるけど怪しくなり、安全策を取った訴求だと、今度はインパクトが弱くなってしまい、信頼できても買うまでには至らないとなる場合も少なくないわけです。

では、この両者をどうやってバランスさせればよいか。

答えは、第1章でも触れましたが、あなたが約束できるギリギリのところを3割くらいストレッチした訴求にすることです。

なぜ、少しストレッチするのかというと、

・少々大げさな約束によって、退路を断って顧客にコミットすることが顧客満足につながるから
・コンセプトを出したときから実際に顧客を獲得するまでに、スキルアップできるから
・インパクトがないと選ばれる確率が減ってしまい、経験不足でじり貧に陥ってしまうからです。

怪しく思われることを過度に心配するより、ます、顧客にコミットすることです。そうしているうちに、最初に感じた「大げさ」「怪しい」と思えたことも、結果を出すうちに、段々、当然と思えてくるものです。

顧客のホンネの底にある深層心理に訴えよう

常に１歩奥にある本音を見るクセをつけよう

突然ですが、キライ！　という感情の正体を考えたことはありますか。

例えば、「昭和男の価値観がキライ」「フェイスブックで自撮りばかりする人がキライ」「意識高い系がキライ」など、あなたも思い当たる節があると思います。

人が何を嫌うのかは、親しい間柄にならないと中々わからないものですが、このようなホンネを見抜く力は、そのままコンセプト（特にベネフィット）を生み出す力になので、普段からホンネを見抜く習慣は、ぜひ、身につけたいものです。

そして、本当のホンネというのは、「昭和男の価値観がキライ」というコトバのさらに1段底にあるものです。

例えば、「昭和男の価値観がキライ」の裏には、「昔の父親的リーダーシップに取って代わるリーダー像を模索しているのに、中々自分が体現できない」のかもしれないし、「フェイスブックの自撮りがキライ」の裏には、「露出が嫌なのに、それを軽々とやってのける人を見ると、自己嫌悪に陥るからキライ」なのかもしれません。

本当のホンネとは、これくらい深いから、それを見つけるのは難しいのです。

また、お金が欲しいかと言われれば、皆、「欲しい！」と言いますが、そのコトバの奥にも、「お金は欲しいが、みっともないことまでしてまで欲しくはない」「お金は欲しいが、怪しまれるのはイヤだ」「お金は欲しいが、嫌いな人が寄ってくるのが怖い」など、お金が欲しい感情には、こんなブレーキもついて回ります。

このようなホンネの底まで見ようとしないと、「収入が増えます」といった薄っぺらいベネフィット表現しか出てこなくなってしまいます。

あなたがこのような薄っぺらい訴求を見ても心を動かされないように、あなたの顧客も同様です。

このような、通り一遍の表現や訴求を避けるためにも、ホンネの底に届くような表現方法を、普段から探したり考えたりしていると、いざコンセプトをつくるときに、その蓄積はチカラを発揮するものです。

属する社会的集団によってつくられやすい価値観とは

キライな感情やお金のマイナス感情は、普段から人の心理を深く観察していないと、中々わからないものですが、顧客層の立場から、ある程度の価値観は推察できます。

例えば、「〇〇するだけで、毎月〇万円の不労所得が得られます」と言われると、サラリーマンはどちらかというと怪しがる人が多いのに対し、個人事業主はそれほどでもありません。

また、ＭＢＡ取得などは、特に中堅企業や大企業のサラリーマンは憧れる人が多いのに対し、個人や中小経営者では、もっと実利的なものでないと触手が動きません。

さらに、女性はノウハウより素敵を好み、男性は筋道が通っていることを好む傾向があります。

また、女性は皆と一緒でないと不安になる傾向が強く、男性は皆と同じだと自尊心が中々満たされません。

もちろん、これらは一般的な話で、すべてがこれに当てはまるわけではないですが、私の経験上でも、大体、このような傾向は見られます。

例えば、女性が女性を相手にビジネスする場合は、素敵なライフスタイルをベネフィットとして打ち出したほうが集客しやすい傾向にあり、長年サラリーマンをやってきた個人事業主は、あまり派手に儲かるような訴求は避ける傾向にあります。

このように、あなたの顧客層がどの社会的集団に属している（いた）のかを考えることによって、ベネフィットの表現トーンの基準が推察できるわけです。

実際、顧客は、自分自身のことはそこまで深く理解していない場合がほとんどですが、深い本音を刺激されると、「何だかわからないけどよいと思った」とあなたのところに集まってきます。

そして、そのホンネの底を刺激するのがベネフィット表現なので、顧客のホンネ研究はビジネスをする以上、永遠にやり続けなければならない課題なのです。

人が誰かに相談したくなるときの４要素

自分と顧客以外に考えなければいけない大事なこと

人は、「解決したい」「発見したい」「達成したい」のどこかに必ず課題を持っていて、もしその課題が何らかのサポートでクリアできそうと感じるとき、まず心が動きます。

また、実際に行動に移すときというのは、他のサポートよりもそれがよいと感じるときです。

そして、その行動の先、つまり、あなたが選ばれるようなコンセプトにするためには、他とは違う（差別性）や、他より優れている（優位性）と感じてもらうことが必要です。

これは、コンセプトを考えるときは、自分の売りとお客様の望みや悩みという二極の間で考えるだけでなく、同業者などの他に比べて差別性があるコンセプトか、優位性があるコンセプトかという視点も吟味する必要があるということです。

では、具体的にどう考えればよいかですが、まず、ベンチマークとなる他者のピックアップから始めることです。

ベンチマークとは、見込顧客があなたと比較する同業者や同様のサービス、あるいはあなたが属するカテゴリーのリーダー的存在など、比較基準のことです。

そのようなベンチマークとなる存在を1つ選んだら、次の4つを考えてみましょう。

あなたのコンセプトは、

① ベンチマークに比べてサポートを受けた結果が優れていると言えそうか（After）
② ベンチマークとは異なる顧客層の課題に応えられそうか（Before）
③ そのサポートのやり方がベンチマークにはない特徴があるものと言えそうか（Step）
④ あなたの雰囲気・姿勢・世界観がベンチマークより好まれそうか（Personality）

このような4つを考えながら、コンセプトのコトバを選んでいくわけです。

実際、あなたが誰かに相談したいと感じるときも、その人に相談したらよい結果が得られそうか（After）、その人は自分の相談相手になり得る人か（Before）、その人はこちらの相談内容に応える何かを持っていそうか（Step）、その人は相談に値する人間性を兼ね備えていそうか（Personality）を判断しているはずです。

さらに、対価を支払うとなれば、他と比較しながら慎重に決めるはずです。したがって、コンセプトは、ベンチマークに対して差別優位性のあるコトバを持ってこなければ、中々選んでもらえないわけです。

多くの人が、自分の売りだけか、あるいは自分の売りと顧客層の二極でコンセプトを考えがちです。

しかし、せっかく苦労してコンセプトをつくっても、ベンチマークのほうが優れたコンセプトを訴求していれば、選ばれる確率は減ってしまうのです。

４要素を短いコトバで表現する

私は、ベンチマークとの比較の4要素のことを、それぞれの頭文字を取って「ＢＡＳＰ分析」と呼んでいますが、具体的にどのようにコトバに反映するのかをもう少し見ていきましょう。

まず、①のＡｆｔｅｒですが、これはベンチマークよりサポートを受けた結果が優れていることを前面に打ち出す訴求です。

例えば、あなたがビジネスコンサルティングで、店舗などの売上ＵＰが得意とします。ベンチマークは同業者で、その人が「増客率１２０％」と訴求しているとしたら、あなたは「増客率１３０％」とか、「評判を上げながら客単価平均20％も実現」というふうに、ベンチマークより優れていることを訴求したり、あるいは数字で実績を言うなどして、優位性で勝負するというのが①のＡｆｔｅｒです。

ちなみに、実績は、訴求力と信頼性の双方を勝ち取れる最も強力な表現で、皆、これを言うために、コツコツと実績を貯めているわけです。

他には、「○か月で××になる」というのもありますが、いずれにしても、After勝負というのは、既存市場でライバルとガチンコ勝負をする戦略を取るときによく使われるやり方です。

次に、②のBeforeですが、これは、Afterのようなガチンコ勝負というよりは、顧客層をずらして直接対決を避けたいときによく使われます。

例えば、増客といった右肩上がりの路線より、「オリジナルメニューでユニークな存在になる」「スタッフの笑顔でリピート率UP」など、異なるニーズに訴えたいとき、Beforeを変えて考えます。

③のStepは、第1章でもご紹介したマグロ漁船式といった独自の方法論やサービス名などで差別化を図りたいときに考えるやり方で、この場合は方法論やサービスのネーミング勝負という側面もあります。

また、実績訴求も、例えば、「○割以上の○○が、増客率120%を実現した○○メソッド」と体言止めにして言うと、③のStepでも実績訴求ができます。

④のPersonality訴求は、コンセプトという短いコトバでは中々難しいですが、「無理しない集客」と言えば、肩の力が抜けた世界観を訴求できるし、「ワンランク上の客層に変わる」と言えば、高級感を想起させたりもできます。

このように、ベンチマークとの比較の上で、ガチンコ勝負か、差別化か、あるいは独自路線の訴求なのかを決めることはとても重要です。

戦略別コンセプトフレーズの例

リード文＋一言コンセプト＝コンセプトフレーズ

例えば、「一流アスリートのメンタルリセットコントロール術から生まれた自己信頼カウンセリング」という例文を読んで、これはＢＡＳＰでいうと、何を強調したコンセプトフレーズかわかりますか。

答は、Ｓのステップ強調型です（ノウハウ強調型ともいえます）。

ステップとは、顧客層の悩みや望み（Ｂｅｆｏｒｅ）を解決や達成（Ａｆｔｅｒ）に導くあなた独自の方法やノウハウのことでした。

そして、この「一流アスリートのメンタルリセットコントロール術」というコトバは、まさにその方法論を表していて、それを「自己信頼カウンセリング」というコンセプトワードの前に付け足して、自己信頼カウンセリングがどんなものかを端的に説明しているわけです。

では、Ｂ、Ａ、Ｐを表すリード文はどうなるでしょう？

１つずつ説明します。

まず、Ｂの顧客層強調型ですが、これは、例えば、「努力では変えられない生き辛さから卒業したい人のための自己信頼カウンセリング」のように誰向けかをリード文で表現します。

Pのパーソナリティ強調型では、「カウンセリング歴○年、延べ○人をウツから卒業させたプロによる自己信頼カウンセリング」のように、提供する人のキャラクターや実績を強調します。

Aのベネフィット強調型では、「○か月で生き辛さが完全解消する自己信頼カウンセリング」のように、文字通りベネフィットを強調します。

もちろん、持ってくるコトバによっては、ＢＡＳＰを複合的に表現することもできます。

私は、このようなコンセプトワードの前にリード文をつけたものを「コンセプトフレーズ」と呼んでいますが、そのリード文は、あなたが取る戦略によって言い方も変わるわけです。

このように、20秒コンセプトで方向を定め、コンセプトワードや一言コンセプトでシンボリックな表現を決め、戦略を考えながらリード文と一言コンセプトを組み合わせたコンセプトフレーズをつくります。

この作業の過程で、考えつく限りのコトバを出し入れしながら、この手順で考えると、納得いくものができやすいのです。

また、実作業でよくあることですが、コンセプトのコトバの組み合わせを考えているとき、中身も考えないと発想が出てこない場合があります。

そのような場合は、20秒コンセプトで方向性を決めたら、メインとなるサービスを設計して、そのタイトルをコンセプトに据えるという進め方をします。

サービスのタイトルは、まさに「リード文＋コンセプトワード」の文法そのものですから、「中身→タイトル→コンセプトに応用」という段取りでやりやすい人は、この段取りで進めるとよいです。

短いコトバほど慎重に決める

いずれにしても、コンセプトという短いコトバは、思いつきだけでできるものではなく、考えつく限りのコトバ出し、強み・顧客層・ベネフィットの整合性、どんな戦略を取るのかなどの作業を積み上げてやっと決まります。

コンセプトではないですが、「すべてはお客様のうまい！　のために」というコーポレートスローガンを考えた、あるコピーライターの話を聞いたことがありましたが、たったこれだけのコトバを生み出すために、膨大な資料を集め、リサーチを行い、数え切れないほどの案を考えるそうです。

なぜ、そこまでやるかというと、「その提案より、こちらのコトバのほうがよいのでは？」という意見に対し、すべて「それは既に考えた」と言うためだそうです。

大企業のコーポレートスローガンなどは、各種広告物に使われるので、１文字でも変更になったら大変なことになりますが、個人の場合は、世に出して反応を見ながら、さらによりよいものに進化させることができます。

最初は、経験不足や顧客事例が少ないなど、コンセプトを考える発想の枠は限られているものですが、経験を積んで、顧客の悩みや望みの深さと幅を知るうちに、発想もコトバの選び方も進化していくものです。

また、コンセプトが当たれば、売り込まずしてどんどん顧客が来るし、それによって人生が変わる場合だってあるので、短いコトバほど慎重に考え、常に進化させるつもりで臨むことが大事というわけです。

選ばれる企画タイトルもノウハウタイトルもすべてコンセプトと同じ文法

ノウハウも「ベネフィット↓サービスの提供形態」で表してみる

コンセプトフレーズも、一言コンセプトも、「ベネフィット」↓「サービスの提供形態」で表されることを説明してきましたが、実は、コンセプトだけでなく、パッと見て「いいな！」と感じる企画タイトルやノウハウのタイトルも、ほぼこの文法に沿ってつくられています。

企画とは何かというと、プロジェクト、新商品、セミナーなどのアイデアを、上司やクライアント、あるいは投資家を説得するためにつくられる企画書のことで、企画タイトルとは、その表紙に綴られるタイトルのことです。

例えば、「加齢により不足するコラーゲンを気軽に美味しく摂れる新カップスープ（商品企画書）」「最先端トレンドをタイムリーに表現できるオンディマンドシステムPOP（販促企画書）」などの企業の間で交わされる企画なども、「〜美味しく摂れる」「〜タイムリーに表現できる」が顧客にとってのベネフィットで、「新カップスープ」「オンディマンドシステムＰＯＰ」がサービスの提供形態です。

また、私は、「出会いたいお客様の無意識を刺激して引き寄せる！　深層心理ライティング・マスター講座」というセミナーを開催していますが、これも「〜引き寄せる」までがベネフィット、「深層心理ライティング・マスター講座」がサービスの提供形態となっています。

もちろん、このベネフィット＋サービスの提供形態を意識してネーミングしています。

コンセプトは、あなたのビジネス全般を指すだけでなく、「セミナーコンセプト」「商品コンセプト」など、それぞれの施策にもコンセプトがあります。

また、例えば、子供の学習習慣づくりというビジネスコンセプトの下に、「集中力を養うゲーム感覚学習法」「一瞬で子供がやる気になる魔法の言葉がけ」のようなノウハウ名があると、コンセプトに沿った方法論が整備されたものとして伝わります。

このように、「こんなよいことになる（ベネフィット）」＋「何か（サービス）」を頭に入れて、周りを見渡してください。「あ、いいな」「なるほど」と思えるものは、大体、そのようになっています。

もし、あなたが、まだ名前をつけていないノウハウややり方があるなら、ぜひ、このような「ベネフィット＋サービスの提供形態」でネーミングして、人に伝えてみてください。

きっと、伝わり方がガラッと変わると思います。

〔図表7　コンセプトも施策タイトルも、皆同じ文法！〕

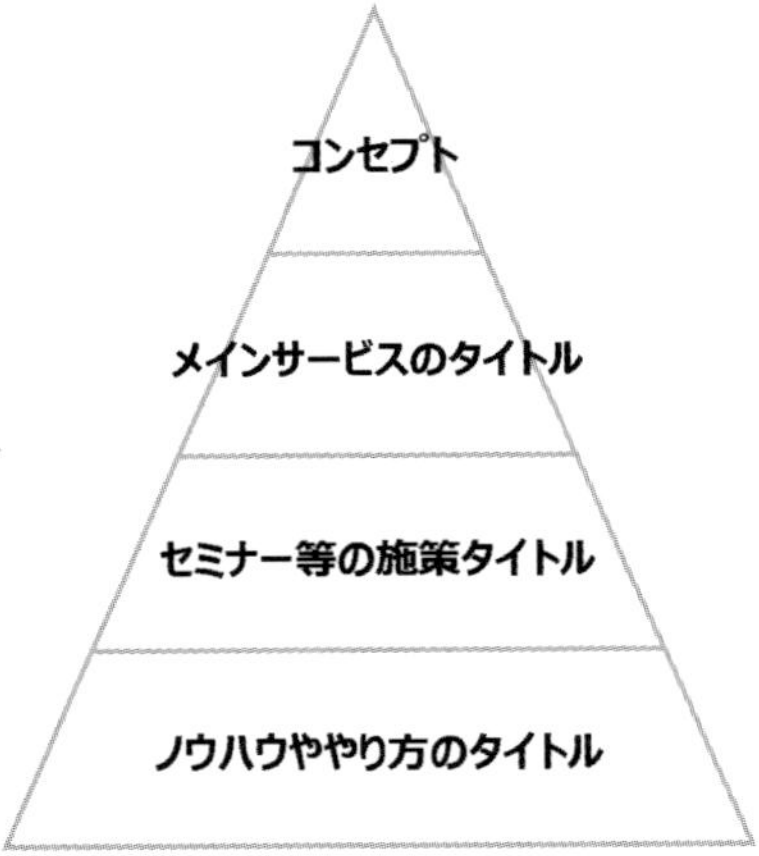

ビジネスコンセプト↓メインサービスタイトル↓施策タイトル↓ノウハウタイトル

ビジネス全体のコンセプトからノウハウのタイトルまで、混乱しそうになるかもしれませんが、これらは全体として階層構造になっています。

これは、図表7のように、括りの大きいものから、ビジネスコンセプト↓自分のメインサービスタイトル↓セミナー等の施策タイトル↓ノウハウタイトルの順番になっていて、コンセプト（ここではビジネスコンセプト）は、下層をすべて括れるものであることが大事です。

よく、「あの人は何をやっているのかイマイチわからない」「活動に一貫性が欠ける」と思われる人がいますが、それは、このようなコンセプトの階層構造を無視したネーミングや内容、また行動を取っているからそう見られるわけです。

ブランディングでとにかく大事なのが、このような一貫性で、企業などは、これをロゴのバージョン管理、コピーの使い方、色指定はもちろん、行動規範まで厳しく管理しているところもあります。

個人は、そこまで必要ないにしても、人から見て「○○さんと言えば××」と思ってもらうほど、何かを頼んだり相談したりしやすくなるのですから、この一貫性を意識することはとても重要です。

ちなみに、「○○さんといえば××」というのは、「芳月といえばコンセプトワーク」というものですが、ビジネスを立ち上げる段階では、まずこの浸透を目指します。

そして、その後は、「コンセプトワークといえば芳月」のようにそのカテゴリーの中で最初に想起される地位を目指すのが王道の道筋です。

これはモノで言えば、「ビールといえばスーパードライ」と思う人が圧倒的なように、売上と強い相関関係があり、マーケティングでは「純粋想起」と呼ばれます。

何事もカテゴリーナンバー1が一番売れるわけですが、大事なのはどのカテゴリーで行くのかです。

「起業」「ビール」などの大きなカテゴリーでナンバー1を取るのは大変ですが、カテゴリーはいくらでも区切れるし、難しくても創造することは不可能ではありません。

また、区切るのも、起業で言えば、シニア向けや女子向けにする、あるいは、年商いくら以下にする、起業準備向けにするなど、様々な切り口が考えられます。

大事なのは、どのカテゴリーで勝負したらいけそうなのかを見極めていくことです。

〔図表8　選ばれるコンセプトの要件〕

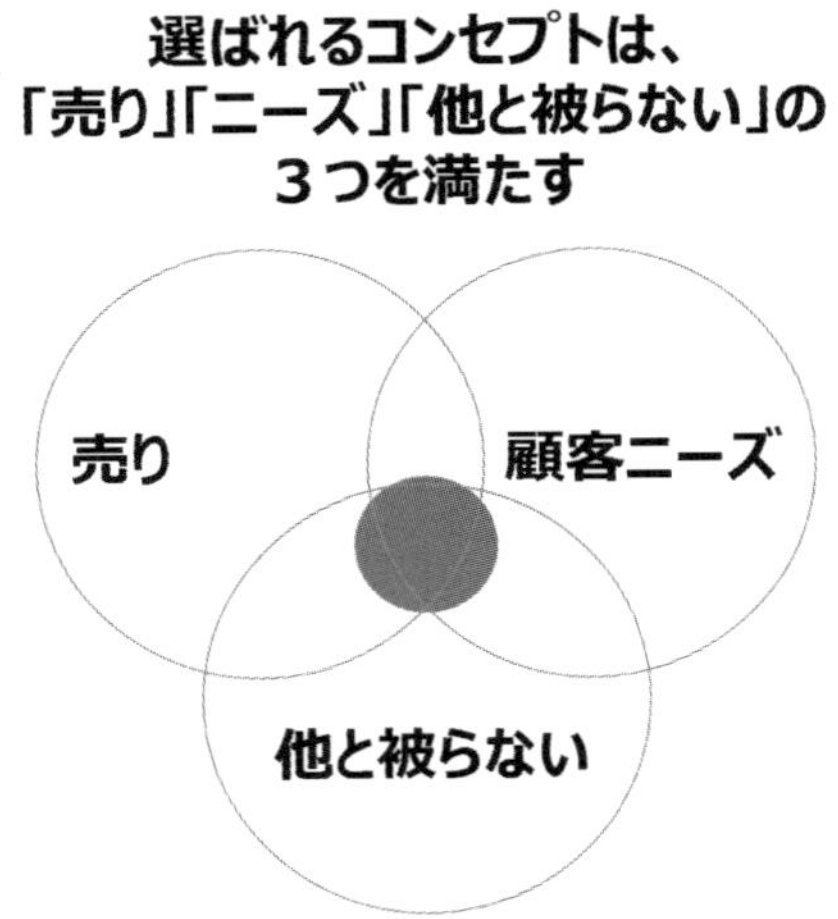
選ばれるコンセプトは、
「売り」「ニーズ」「他と被らない」の
3つを満たす
売り
顧客ニーズ
他と被らない

コンセプトの公式まとめ

売り、顧客のニーズ、他の同業者と被らないゾーンが、成功コンセプトのゾーン

ここまでコンセプトの公式についてまとめてきましたが、20秒コンセプト、一言コンセプト、コンセプトワード、そして、コンセプトフレーズなど、ちょっと混乱してきたかもしれないので、ここで1度、振り返っておきたいと思います。

まず、これからコーチングやカウンセリングなどのスキルを使って、ビジネスをやっていきたい段階、あるいは、顧客層を変えるなど新たなポジションを開拓したいなど、これからコンセプトを考える場合は、まず20秒コンセプトから考えます。

20秒コンセプトは、『どんな人のどんな悩みに？／どんな売りで？／どんなよいことになる？／ど

〔図表9　コンセプトの公式〕

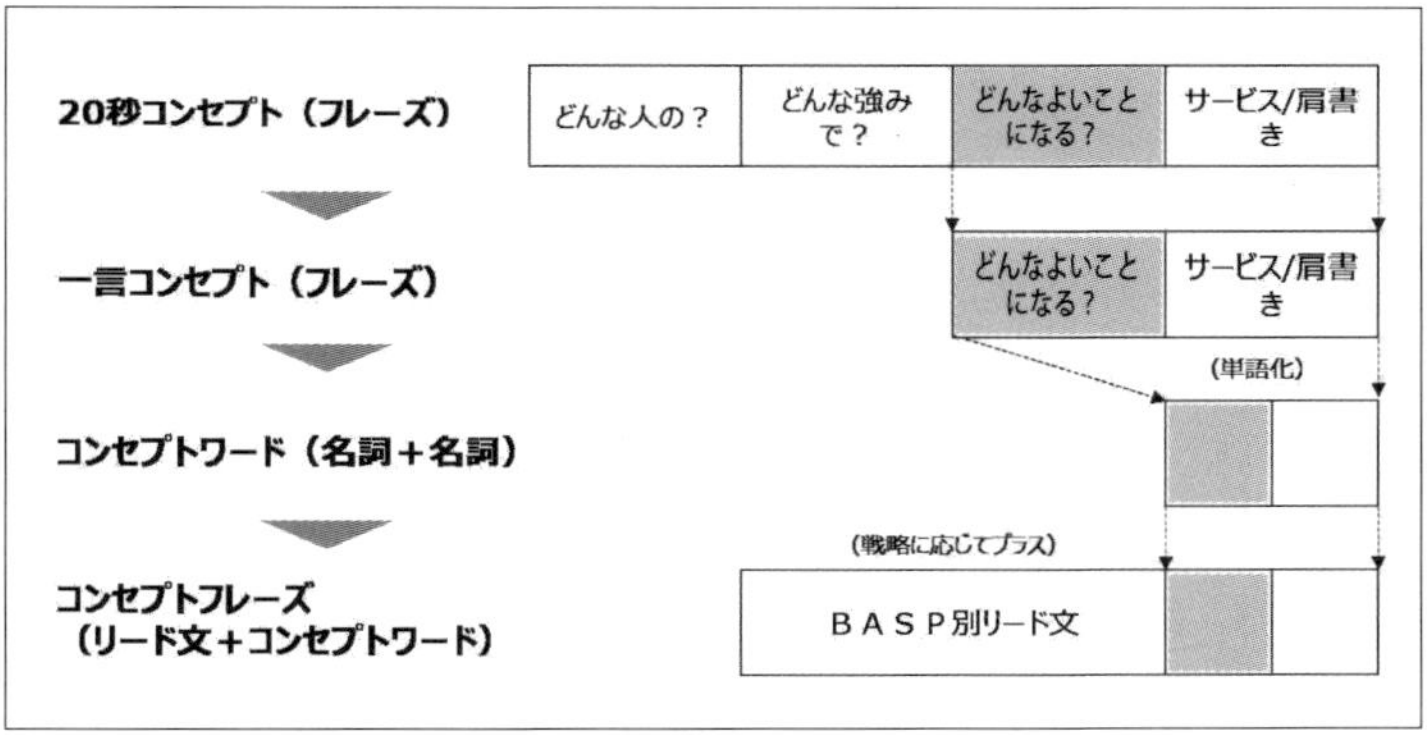

んな肩書きｏｒサービス？』の公式にできる限り短いコトバを入れて、ワンフレーズにすることです。

次に、20秒コンセプトから『どんなよいことになる／どんな肩書きｏｒサービス』を取り出して、一言コンセプト、あるいはベネフィット名詞＋サービスの提供形態名詞のコンセプトワードに短くして、すぐに伝わる状態を目指します。

そして、さらに、同業者などの周囲を見回して、Ｂｅｆｏｒｅ、Ａｆｔｅｒ、Ｓｔｅｐ、Ｐｅｒｓｏｎａｌｉｔｙを見比べ、自分の売り、顧客層が欲しいこと、他の人が中々やっていないことがすべて重なる部分を見極めて、それに相応しいリード文をつくります（※「一流アスリートのメンタルリセットコントロール術から生まれた」のような文）。

こうしてコンセプトフレーズを完成させ、これを主力サービスのタイトルとして展開したり、ホームページのタイトルに応用するなどして、ビジネスにかかわる様々な施策やツールを括り、全体の統一感や一貫性を打ち出していくわけです。

また、今回、このような20秒→一言→コンセプトフレーズといった手順を説明しましたが、実際、コンセプトは手順どおりに思い浮かぶのかというとそうではなく、発想は無秩序に降りてくるものです。

ただ、その際、コンセプトの公式のようなフレームが頭に入っていれば、浮かんできたコトバをどこに置けばよいか、足りないコトバや考え方はないかがすぐにわかるので、この手順なわけです。

コトバ探しでは、無秩序や偶発的にアイデアが出てくる右脳的作業ですが、これをコンセプトとしてまとめるときは、ベネフィットの魅力度や顧客層のニーズにあっているか、競争力のあるコトバかなど、左脳的な思考を繰り返しながら決まっていきます。

このようにコンセプトを決めるには、その短い表現を見ただけではうかがい知れない右脳左脳の思考が必要なのです。

中々大変なことですが、コンセプトがうまく決まれば、クライアントはどんどん来るし、逆に、ありきたりや欲しいと思われないものだと、どんなに集客を頑張ってもザルのように顧客を逃してしまうのですから、コンセプトワークを軽んじるわけにはいかないわけです。

たかがコンセプト、されどコンセプトです。

つくるときは、コンセプト、じっくりと時間を取って、細部までこだわってつくりましょう。

第4章

コンセプトワードの探し方

コンセプトができない最大の原因はコトバが出ないこと

コトバは探すものと心得よう

第3章までは、コンセプトの公式を細かく分解して見てきましたが、いかがだったでしょうか。強みの棚卸の仕方、顧客層の決め方、ベネフィット表現、そしてそれらをワンフレーズにまとめて、徐々に短縮していく…。こうして、それぞれ分解してつなげれば、コンセプトになることは、おわかりいただけたと思います。

しかし、ここまで詳しく理解して、さあ、コンセプトをつくろうとしても、中々、体が動かないことも少なくありません。

なぜ、体が動かなくなるのでしょう。

これまで、多くの人のコンセプトをお手伝いしてきて、その一番の理由は、ズバリ、「コトバが出てこない」ということです。

頭の中にある自分の売りのイメージと、候補となるコトバの意味がイマイチ一致しない。顧客層の心を動かすうまいコトバが出てこない。ベネフィット表現と言われても、どんなコトバがそれに当たるかわからない…。

多くの人は、このようなコトバが出ないことから、コンセプトワークが一向に進みません。

しかも、このようなクリエイティブな作業は、「物事が進んでいる実感」が乏しく、それによる焦りや不安も伴います。

そんな焦りや不安があると、つい目先の行動を優先して、コンセプトワークは後回しになりがちです。

そして、あれこれ作業を進めたところで、コンセプトという背骨がないために、それぞれの仕事がつながらなくなってしまうのです。

私は、このような光景を、広告会社にいたときも独立してからも、無数に目撃してきました。アイデアばかり四方八方に出るのに、一向にまとまらない企画書。資格がズラリと並ぶのに、結局、何をやっているかわからない個人起業家。多角化というにはあまりにも関連性のない事業拡張。

これらは、皆、コンセプトをコトバにすることにちゃんと向き合わないことが原因です。

では、このコンセプトのコトバは、どうしたら生み出せるようになるのでしょう。

結論から言うと、コトバは、「う～ん」と考えるのではなく、探すものとまず理解することです。

もう少し詳しく言うと、机の前に座って、目を閉じて、「う～ん」と自分の頭だけで考えてはダメで、身の回りにあるコトバからコンセプトになりそうなコトバを探すことに意識をフォーカスするということです。

あなたの身の回りには、コンセプトとして使えるコトバが既に山ほど溢れています。ネットの中、本のタイトルや目次、街中のポスターや車内広告、雑誌、研修テキストやセミナー資料…。

それらの中には、表現する側が工夫を重ね、実際に使って反応を確かめ、印刷物やWebサイトにするだけの価値があると認められたものが多く存在しています。

そして、これらが、コトバのヒントにならないわけがありません。

コトバが出てこない人の大きな特徴は、このような宝の山を活用しようという意識が、ごっそりと抜け落ちているのです。

したがって、話は簡単。まず、「コトバは探すんだ！」と肝に銘じること。そして、身の回りにあるコトバに興味を持つことが第1歩ということです。

発散思考と収束思考を使い分けよう

コンセプトというコトバをつくることは、一般的に創造的な仕事といわれます。そして、創造の過程で脳は、発散思考と収束思考を繰り返します。

発散思考とは、秩序なく思いつくままにアイデアを考えたり、ランダムにコトバを探したりすることです。

また、気分転換に散歩したり、旅行に行った先で、ふとアイデアが降りてくることがありますが、これなども発散思考の部類です。

これに対して収束思考は、散らばったアイデアやコトバを順序立てたり、コトバがスムーズに流れるように推敲したり、論理を組み立てたりすることです。

また、発散思考はどちらかというと右脳的で、収束思考は左脳的です。

そして、これをコンセプトを生み出す段取りでいうと、コンセプトの公式に沿ってコトバを探してくる段階は発散思考、それをフレーズとして組み立てるときは収束思考を使います。

例えば、売りやベネフィット表現を表すコトバ探しに書店に行ったり、ネットを見たり、人と話したりするのが発散思考で、それを机の上でじっと組み立てるのが収束思考です。

よいコンセプトができない人は、これが大体、どちらかに偏っている場合がほとんどです。

例えば、アクティブに動き回って様々な刺激や情報をインプットしてくるのに、一向にそれがまとまらないのは、発散思考に偏り過ぎということです。

反対に、キレイにまとめることはできても、どこかありきたりなアウトプットしか出てこないのは、アイデアを広げる発散思考をほとんど使っていない証拠でもあります。

このような偏りをなくすためにも、コンセプトをはじめとする創造的作業は、発散思考と収束思考をうまく使い分ける行動パターンになるような自己管理が大事ということです。

迷ったら顧客に聞け

クライアントによく聞いて回る人ほどよいコンセプトを生み出す

ネット、書籍、雑誌、広告などを見回して、コトバ出しをすると、アイデアはたくさん出てくるものですが、一番のヒントになるのは、やはりクライアントのコトバです。

企業の商品開発でも、コンセプト段階では、「デプスインタビュー」や「グループインタビュー」でユーザーの声を直接聞き取り、ニーズ探索を頻繁に行っていますが、優れたコンセプトは、ユーザーの声から出てくる場合が少なくありません。

また、アイデアAかアイデアBで迷ったとき、一番正しい評価を下せるのはクライアントだし、あなたの強みを一番感じているのは、まさにクライアントなのです。

私は、このようなことから、自分の売りを見つけるとき、コンセプトに迷ったとき、顧客の悩みや望みを見出すときなど、何かにつけてクライアントやクライアント候補に聞いて回ることをおすすめしています。

私のクライアントでも、顧客によく聞いて回る人ほど、よいコンセプトを生み出すことが多く、1人だけで考える人は、なかなか突破口が見出せない場合が多いです。

また、私のクライアントや知合いでも、クライアントの声をきっかけに、前職ベースのコンセプトから40代で結婚した経験をもとにしたコンセプトにつくり変えた人、個人向け営業サポートから法人向けに切り替えた男性営業コンサルタントなど、路線変更した人も結構います。

クライアントは、あなたが思う以上に、あなたの強みを理解しているものです。

また、自分のことを正しく把握するのは、マネジメントというコトバを発明したドラッカーでも難しいと言うのですから、コンセプトは、「人は自分の鏡と思って力を借りながらつくらないとできない」と認識することです。

申し込んだ直後の意見が最も参考になる

迷ったら顧客に聞けと言っても、実は、あなたとその人との距離によって、微妙にニュアンスは異なります。

例えば、既にあなたのクライアントになっている人の場合は、申し込んだ決め手を忘れている場合も少なくありませんが、リピートや継続については明確な意見を持っているものです。

ただ、リピートや継続の理由は、ある程度のお付合いのあるクライアントでないと、なかなかわからないものです。

コンセプトに対するよい意見を拾うには、申し込んだ直後のクライアントに、「申込みの決め手は何だったのか」と問う、あるいは、何らかの理由で申込みを留まっている人に、「留まっている理由」「何があったら申し込むのか」を問うことです。

また、聞くときには、

・必ずアイデアはこちらから出すこと
・聞く相手の性格をよく把握すること
・相手に感想や意見はもらうが、決めてもらうのではなく自分で決める覚悟を持つことです。

いずれにしても、あなたのサービスに申し込んだ直後の人か、申し込む可能性のある人の意見が最も参考になるわけで、このような問いを事あるごとに聞いていると、コンセプトとして表現すべき事柄はかなり見えてくるものです。

1つ注意点があるとすると、自分とその市場にいる顧客層だけで物事を考えてしまい、視野が狭くなってしまうことです。

これを防ぐには、あなたのサービスには申し込まないが、無条件にあなたを応援してくれる人の意見を大事にすることです。

無条件に応援してくれる人は、身内や家族などですが、たとえ彼らが辛口の意見を言ってきたとしても、他人が気を遣って言わないような盲点を指摘してくれてありがたいものです。

また、既存のクライアントや見込みクライアントに加えて、身内という非顧客層までよい評価をするものは、大きなヒットを生み出す1つの兆候となります。

ビジネスの成長は、徐々に支持層を拡大していくことでもあるので、今、非顧客層だからと無下にせず、将来の顧客や紹介をしてくれる人になるかもしれないと思って、彼らの意見によく耳を傾けておきましょう。

ちなみに、手っ取り早く意見を聞けるのは、セミナータイトルなどのネーミングです。

あなたの見込みクライアントが評価して、かつ、私心なくあなたを応援してくれる人もよいと言ったら、そのアイデアは結構な確率でヒットすると思います。

何度もコンセプトワードを練っているうちに申し込まれる理由

コンセプトのコトバは練れば練るほど、自然に相手に伝わるようになる

もし、あなたが、初めて自分のコンセプトを考える段階だとしたら、「申込み」と言われても、まだピンと来ないかもしれません。

しかし、やがてあなたのつくったコンセプトは、カタチとなり、そのコンセプトに惹かれた人がお客様となってあなたのもとにやって来ます。

また、あなたが、既にビジネスをしっかりと回している場合、コンセプトがよければどんどん顧客が押し寄せ、コンセプトがイマイチなら反応の薄い日々が続きます。

いずれの場合でも、コンセプトは、あれこれとコトバを探し、フレーズをつくる作業を繰り返すわけですが、そうやって試行錯誤していると、ブログやホームページなどで新コンセプトを出す前に、セッションやセミナーに申し込まれてしまうことがよくあります。

もちろん、これには条件があって、

・日頃からあなたのサービスに申し込む可能性のある人と接している
・コンセプトの中身（サービス）も設計している

場合に限りますが、結構な確率でこのような現象が起ります。

これまでにも、ＦＰの知識と離婚カウンセリングを統合したサービスを考えている最中に申し込まれたファイナンシャルプランナー、キネシオロジーと英語学習を組み合わせた学習法を考案中に申込みがどんどん増えていった英語学習トレーナー、また、問合せが増えた、興味深そうに質問されたケースは数え切れないほどです。

なぜ、こんなことが起こるのかというと、実は話は単純です。

それだけコンセプトワードを探したり、コンセプトフレーズに当てはめたり、文字を見たり、私や他の誰かと話し合ったりしているうちに、当人の脳にコトバの記憶が深く刻まれて、無意識のうちに口をついて出てくるからです。

そこに、あなたのサービスに申し込む可能性のある人がいたのなら、多分、その人はちょっとびっくりしたはずです。

「この人が何をやっているか、イマイチわからなかったけど、そういうことだったのか！　なんだ、いいじゃないか、それ！」という声なき声が、頭の中を駆け巡ったはずなのです。

コンセプトを煮詰めていた当人は、まだ大々的にリリースしていないうちに申込みが入って戸惑うこともありますが、これが本当の意味で「コンセプトが伝わった」ということなのです。

サービスの中身を何度説明しても「わからない」と言われる理由

しかし、これは逆に言うと、普段、いかにあなたのやっていることが伝わっていないかの裏返しでもあります。

というか、サービスが売れない原因というのは、そのサービスの善し悪しの前に、サービスの中身が理解されていないことです。

理解されないのは、サービスを受けた後の姿を相手がイメージできていないからで、そういうとき、人は「わからない」と表現します。

わからないと言われた売り手は、そのサービスの内容を一生懸命話しますが、話しても話しても怪訝な顔をされるのは、そのサービスを受けた「後に」、当人に何が起きるのかがわからないとその人は暗に主張しているのです。

こんな光景は、売り手と買い手の間だけではなく、企業の中や企業間でもよく起こります。

例えば、技術系の人が技術の内容を一生懸命話しても、営業系の人が「その技術をやるとどうなるの?」と思って話がかみ合わなかったり、メーカーの営業が、「うちのこの商品の特徴はですね…」と得意気に話しても、キャンペーンコンセプトに合う景品を探している企画マンにはピンと来ないのと非常によく似ています。

このようなことを一般的に「行き違い」といいますが、コンセプトのコトバを練ることは、イコール、この行き違いをできる限りなくす作業をしているということなのです。

あなたがよいと思うことが、クライアントもよいと思うとは限りません。その感覚の行き違いをつかめるほど、コンセプトワードのヒット率が高まるものです。

【コトバの探し方①】部屋の本棚には宝がいっぱい！

本のタイトルをアレンジする

さて、ここからは具体的なコトバの探し方についてお話していきます。

コトバは、「う〜んと目を閉じて考えるのではなく、身の回りから探す」とお話しましたが、身の回りといえば、最も手っ取り早いのはあなたの部屋の本棚です。

もし、あなたが、顧客の未来像を浮き彫りにするコーチングが得意だとして、それにオリジナルのタイトルをつけたいとします。

そのとき、頭の中で「未来映像化コーチング」というアイデアが浮かびましたが、ちょっと堅いので、もっとカジュアルな名前を探しているとします。

その際、図表10のような本棚を見ながら、「『ビジョナリー・カンパニー』？　あ、ビジョナリーコーチングという言い方はありかな？」とか、「『モチベーション3・0』？　あ、ビジョンクエストコーチング3・0と言うと新しさを打ち出せるかも」というふうに、本のタイトルからどんどん連想を膨らませていくわけです。

コトバの創造力というのは、イコール、連想力でもあります。

そして、本棚に並ぶタイトルは、連想のきっかけをつかむ最も身近な外部記憶空間なのです。

〔図表10　本棚〕

また、部屋にある本なら目次や中身も思い出しやすく、それらも連想のきっかけになります。コトバを生み出す必要に迫られたら、まずは部屋の本を見回して、どんどん連想していくことにしましょう。

雑誌は造語など気の利いたコピーが盛りだくさん

本のタイトルを見回したら、今度は雑誌を見てみましょう。

雑誌は、造語などの気の利いたコピーや読者層の心をくすぐる特集がたくさんあるため、コトバのヒントも非常に豊富です。

例えば、図表11のような表紙の「はじめましてに強くなる」を見て、「はじめましてで心をつかむ話し方講座」というセミナータイトルを思い浮かべたり、「大人キレイな仕事服」を見て、「大人キレイなボディ＆メイク」と言い換えた表現を思

〔図表 11　雑誌の表紙〕

〔図表 12　連想類語辞典〕

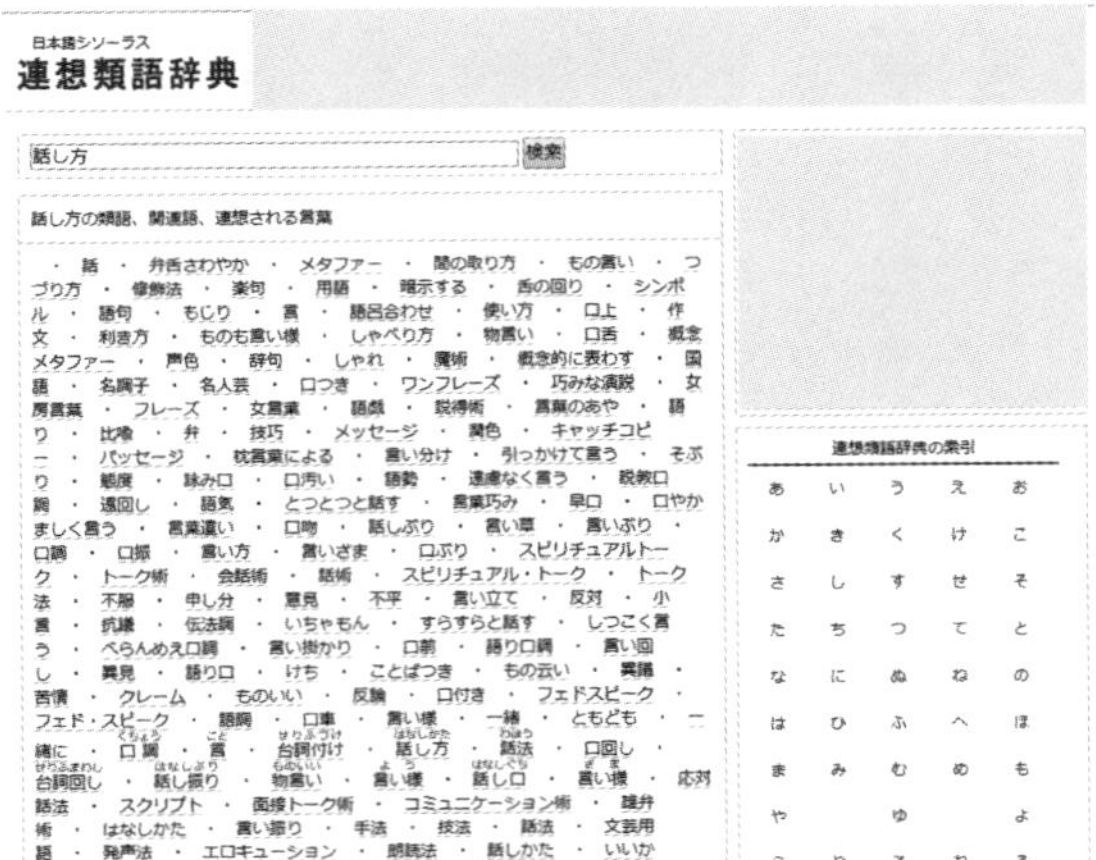
日本語シソーラス
連想類語辞典

話し方　検索

話し方の類語、関連語、連想される言葉

・ 話 ・ 弁舌さわやか ・ メタファー ・ 間の取り方 ・ もの言い ・ つづり方 ・ 修辞法 ・ 楽句 ・ 用語 ・ 暗示する ・ 舌の回り ・ シンボル ・ 語句 ・ もじり ・ 言 ・ 語呂合わせ ・ 使い方 ・ 口上 ・ 作文 ・ 利き方 ・ ものも言い様 ・ しゃべり方 ・ 物言い ・ 口舌 ・ 概念メタファー ・ 声色 ・ 辞句 ・ しゃれ ・ 魔術 ・ 概念的に表わす ・ 国語 ・ 名調子 ・ 名人芸 ・ 口つき ・ ワンフレーズ ・ 巧みな演説 ・ 女房言葉 ・ フレーズ ・ 女言葉 ・ 語戯 ・ 説得術 ・ 言葉のあや ・ 語り ・ 比喩 ・ 弁 ・ 技巧 ・ メッセージ ・ 声色 ・ キャッチコピー ・ パッセージ ・ 枕言葉による ・ 言い分け ・ 引っかけて言う ・ そぶり ・ 態度 ・ 詠み口 ・ 口汚い ・ 語勢 ・ 遠慮なく言う ・ 説教口調 ・ 遠回し ・ 語気 ・ とつとつと話す ・ 言葉巧み ・ 早口 ・ 口やかましく言う ・ 言葉遣い ・ 口吻 ・ 話しぶり ・ 言い草 ・ 言いぶり ・ 口調 ・ 口振 ・ 言い方 ・ 言いざま ・ 口ぶり ・ スピリチュアルトーク ・ トーク術 ・ 会話術 ・ 話術 ・ スピリチュアル・トーク ・ トーク法 ・ 不服 ・ 申し分 ・ 意見 ・ 不平 ・ 言い立て ・ 反対 ・ 小言 ・ 抗議 ・ 伝法肌 ・ いちゃもん ・ すらすらと話す ・ しつこく言う ・ べらんめえ口調 ・ 言い掛かり ・ 口前 ・ 語り口調 ・ 言い回し ・ 異見 ・ 語り口 ・ けち ・ ことばつき ・ もの云い ・ 異議 ・ 苦情 ・ クレーム ・ ものいい ・ 反論 ・ 口付き ・ フェドスピーク ・ フェド・スピーク ・ 語調 ・ 口車 ・ 言い様 ・ 一緒 ・ ともども ・ 一緒に ・ 口調《くちょう》 ・ 言《こと》 ・ 台詞付け《せりふづけ》 ・ 話し方《はなしかた》 ・ 話法《わほう》 ・ 口回し ・ 台詞回し《せりふまわし》 ・ 話し振り《はなしぶり》 ・ 物言い《ものいい》 ・ 言い様《よう》 ・ 話し口《はなしぐち》 ・ 言い様《ざま》 ・ 応対話法 ・ スクリプト ・ 面接トーク術 ・ コミュニケーション術 ・ 雄弁術 ・ はなしかた ・ 言い振り ・ 手法 ・ 技法 ・ 語法 ・ 文芸用語 ・ 発声法 ・ エロキューション ・ 朗読法 ・ 話しかた ・ いいかた ・ 言いかた ・ セリフ回し ・ 科白廻し ・ 科白回し ・ せりふ回

連想類語辞典の索引

あ	い	う	え	お
か	き	く	け	こ
さ	し	す	せ	そ
た	ち	つ	て	と
な	に	ぬ	ね	の
は	ひ	ふ	へ	ほ
ま	み	む	め	も
や		ゆ		よ
ら	り	る	れ	ろ

いつくなど、発想にはとても役に立ちます。

また、集める雑誌は、顧客層がよく読むものであることが大事です。

コトバの言い回し1つ取っても、顧客層から「何か世界観が違う」と思われるだけで、選ばれなくなるものです。

顧客層の心をつかみたいのなら、顧客層の嗜好に合わせることから始めることですね。

【コトバの探し方②】コトバは検索してどんどん連想を広げる

連想類語辞典で言い換え表現を探そう

コトバを探しているとき、意味はピッタリだけど、別の言い回しはないかと思うときがしばしばあります。

そのようなときは、ネットの連想類語辞典が便利です。

例えば、あなたが話し方講座の「話し方」の別表現を探しているときは、連想類語辞典に話し方と入れて検索すると、関連語が山のように出てきます（図表12）。

すると、出てきた連想類語の中から、「会話術」「トーク術」「話術」「トーク法」「話法」などの別表現がたくさん出てきます。

また、連想類語辞典は、出てきた単語すべてがリンクされているので、ひっかかるコトバをどん

〔図表 13　グーグル画像検索〕

どん連想させるときの補助ツールにもなります。

私は、クライアントと一緒にコンセプトワードを考える場合、この連想類語辞典を一緒に見ながら協働作業でコトバをピックアップしていきます。

もし、このような作業を頭の中だけでやるとしたら…。

今では、考えただけで末恐ろしくなります。

検索は文字より画像から始めたほうが早く連想できる

例えば、「話し方」というコトバを核としてベネフィット表現をたくさん考えたいとすると、さすがに本棚では限界があるし、連想類語辞典ではイメージが膨らみません。

また、普通にグーグル検索をしても、検索結果は文字情報が中心なので、読みづらかったり、連想のきっかけになるヒントに辿り着くには効率がよくありません。

そういうときは、文字検索よりも画像検索が役に立ちます。

グーグル検索であれば、図表13のようにコトバの世界観

〔図表 14　話し方＋ベネフィットの例〕

は一目瞭然です。

また、画像から比較的女子に好まれそうで、カルチャー教室でもニーズがあることも直感的にわかるわけです。

そして、グーグル画像検索でもコトバの連想がしづらい場合は、アマゾン検索で類書を見ると、類書のタイトルと表紙画像が一覧できて、さらに連想がしやすくなります。

図表14は、「話し方」でアマゾン検索をしたものですが、「スゴイ！　話し方」「10秒で人の心をつかむ話し方」というふうに、「話し方＋ベネフィット表現」の例が山ほど出てきます。

もっとも、それらの表現をそっくりそのまま使うわけにはいきませんが、連想のきっかけになるのはもちろん、話し方を武器にしている人は、どんなベネフィット表現を加えてタイトルにしているのかということまで直感的につかめるわけです。

本のタイトルは、ベネフィット表現＋コンセプトワードのような文法でつけられている場合も多いので、私は、コンセプトフレーズを考える際は、アマゾン検索を多用して、クライアントとコトバ探しをやる場合が多いです。

コトバ探しの精度を高めるプロセス

いったん視野を広げてから絞り込む

本、雑誌、連想類語辞典、画像検索、アマゾン検索などを駆使して、コトバ出しやコトバのアレンジをするときは、無地のコピー用紙などに手書きでアイデアを書いていきましょう。

また、最初にアイデアを出す段階では、とにかく質より量が大事です。

これは、ブレーンストーミングのルールと同じように、まずは制約なしにどんどん出すこと、また、コトバ探しの範囲も広げてみることです。

企業の新商品開発の現場でも、コピーライターや開発者がネーミングアイデアを持ち寄って軽く１００以上は出すものですが、成功アイデアというのは、失敗アイデアを裾野として、その三角形の頂点にしか存在できないものです。

したがって、まずはパクリだろうが、ダジャレだろうが、とにかくアイデアを書き留めることがスタートです。

さらに、今度は、出てきたコトバを入れ替えたり、順序を逆にするなどして、バリエーションを増やしましょう。

例えば、「10秒で心をつかむ話し方講座」と書き留めたら、10秒を３秒にしたり、心をハートにしたり、あるいは話し方講座をスピーチ講座にするなど、１つのアイデアからさらに発展系をつくれます。

ただし、自分だけのコトバ出しの段階では、コトバの真似は構いませんが、世に出すときは、著作権を侵害しないようにグーグルで調べたり、特許庁の簡易検索などで事前に調べておくことも必要です。

このように、１度広げたアイデアは、誰かの１００％真似になっていないかのチェックはもちろんですが、

・コトバの読みづらさ、聞き取りづらさはないか（漢字とカタカナのバランスなど）
・顧客の悩みの解決、望みの達成を表したコトバか（ベネフィット表現になっているか）
・そのコトバは顧客層の世界観に相応しいか（例：育児に悩む主婦に政治的なコトバは不可）
・既にありきたりなコトバになっていないか

などの条件で少しずつ絞っていきます。

このようなプロセスで、まずは自力で３～４つくらいの案まで絞ってみましょう。

よいコンセプトは見た瞬間に決まる

今度は、数案に絞った案から1つに決めるわけですが、これは前述のとおり、信頼できる誰かに聞きながら決めていくのが最も効率がよいやり方です。

信頼できる誰かとは、

・信頼できるコンサルタントやコーチ
・その業界のベテラン
・あなたのことをよく知っている顧客や身内

などです。

ただし、「あなたはこのコンセプトがよい」とあなたより先回りして言ってきたり、こちらが出したアイデアに理由の説明なく、よい・悪いしか言わないコンサルタントは要注意です。

そのような人は、創造性をサポートするスキルや経験が不足しているか、自分の売上ばかり考えている人です。

いずれにしても、数案のアイデアを見せるときは、見せた瞬間の相手の目をよく見ておくことです。

というのは、よいアイデアを見たときの人の目は、その瞬間、瞳孔がパッと開くからです。

第1章で、よいコンセプトの理屈を説明しましたが、実際に人がよいコンセプトかどうかを判断するとき、そこに理屈はありません。あなたがどれだけ時間をかけて考えたコンセプトでも、評価されるのは一瞬です。

広告会社に勤めていた頃、初めてアイデアを上司やクライアントに見せるときはとても緊張したものですが、一方、上司やクライアントも、主旨から外れた提案をされても困るので、期待と緊張で難しい顔をしています。

そんな中でも、目だけは絶対にウソをつけないのです。

例えば、いつも注文ばかりつける上司が、よい案を見たときは細い目が少し開いて黙るとか、提案先の役員さんは、よい案を見るとき眉間にシワを寄せたまま凝視するクセがあるなどです。

目は心の窓とはよく言ったものですが、このように案を見せた瞬間の評価がすべてです。

そこで、「う～ん」と腕組みをされたり、話を横に逸らされたりしたときは、どんなに理屈を並べても、もうその案ではダメなのです。

アイデアを見せてイマイチな反応だったら、すぐに切り替えて、素早く次のアイデアを連打することが、よいコンセプトに辿り着く最短距離です。

人は、目の前でどんどんアイデアを出されると、その意欲に巻き込まれてしまい、「そのアイデアは面白いかも」「こういうのもあるかも」「例えば…」と、自然にアイデアを返すようになるものなのです。

それでも、なかなか返しのアイデアをもらえないときは、「もっと○○したほうがよいかな？」と聞いて、話させるように仕向けてみましょう。

プロフィールの再編集でキラーワードが出るときもある

プロフィールもコンセプトも自分の価値を客観的に表現することに変わりはない

ここまで、外部からコトバを探す具体的な方法をお話してきましたが、コトバは、もちろん、あなたの内側から出てくる場合もあります。

ただし、それは、静かに目を閉じればコトバが浮かんでくるというものではありません。

コンセプトに相応しいコトバが自分の中から出てくるときというのは、自分の価値をできる限り客観的に表現しようと考えたり、書いたりしているとき、つまり、プロフィールをつくっているときです。

プロフィールは、自分の現在・過去・未来に思いを馳せることはもちろん、実績や成果、経験や学び、今の仕事に至った経緯や志を、相手に魅力的に見せるように、プロフェッショナルとして見えるように、シンプルにまとめていく作業です。

また、それは、ですます調の会話体ではなく、体言止めなど、短いビジネスライクなフレーズをつなぎ合わせてつくるものです。

そして、このシンプルなフレーズで表現しようとする編集思考が、コンセプトにそのまま使える表現を生み出すわけです。

ちなみに、人からプロとして見られるプロフィールは、大体、次の４つのパラグラフで構成されます。

それは、

①　私は、このような仕事をしている者です。過去には○○のような仕事をやってきて、○○や△△の成果や実績を出してきました

②　そんな私が、今の仕事をするきっかけになった出来事は○○です。それから△△を学び、今の仕事のベースとなる××をつくりました

③　その××で、このような実績や成果を出し、こんな感謝の声もいただけるようになりました

④　今後、私はこのような志を持って、この仕事を成長させていきたいです

です。

これが、プロフィールをまとめる骨子になるわけですが、この①～④に沿って自分のプロフィールを考えてみてください

多分、「○年で延べ○千人の心理サポートを行い」とか「目からウロコの医療コミュニケーションと支持される」というふうに、あなたの価値が短いコトバで出てくるはずです。

あなたが提供するサービスは、コンセプトを具体化した中身ですが、あなた自身もコンセプトの中身そのものです。

その中身を再編集することは、同時に、あなたの価値を一言で表すコトバを浮き彫りにさせる作

業でもあるわけです。

このようにコンセプトの前のプロフィール編集作業で、金脈のコトバに出会える場合もあります。

〔図表 15　コンセプションモデル〕

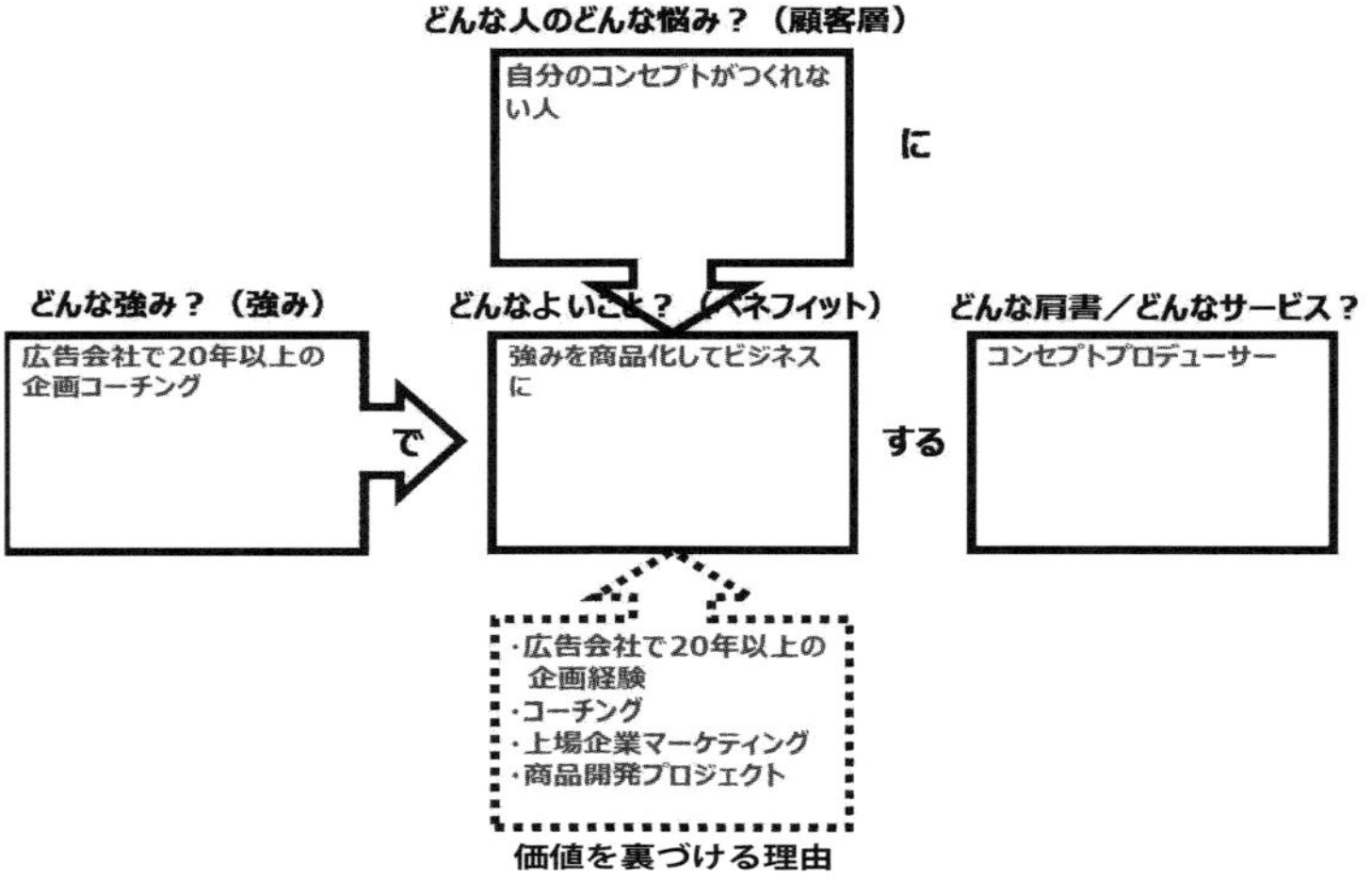

価値を裏づける理由をピックアップしながら連想力を鍛えよう

プロフィールは、第1章でも紹介した図表15でいうと「価値を裏づける理由」に当たります。

20秒コンセプトは、「どんな顧客のどんな悩みに？　どんな売りで？　どんなよいことになる？何？」という4つのシンプルなコトバをつなげることでしたが、プロフィールの部品となるコトバを「価値を裏づける理由」に記しておくと、なぜそのコンセプトなのかが一目瞭然になります。

これで「コンセプションモデルシート」は、全部埋まったことになります。

また、改めてここまで振り返ってみると、コンセプトという短いコトバにまとめる作業は、自分のことを棚卸すというコトバでは表現しきれないくらい、様々な角度から考えなければ出てこないと思いませんか。

コンセプトをまとめようとする人のほとんどが、「コトバが出てこない」ことに悩みますが、それは、売りや顧客層のニーズが何となくわかってきて、ベネフィットも仮説らしきものが浮かんできたとしても、具体的な表現の段階で躓いて時間を要してしまうからです。

いずれにしても、コトバは、これまでお話したやり方を駆使して、突破していくしかないわけですが、結局のところ、「これだ！」というコトバを生み出す最も重要な能力は「連想力」です。

アマゾンで見た本のタイトルから、コンセプトワードをひらめくのも連想だし、検索でたまたま見た単語が、コンセプトに使えると思うのも連想なのです。

連想力とは、「○○と言えば××」「○○は××に似ている」「○○は××というともっと面白い」という例をどれだけ出せるかです。

きょうの明日のでこの力を高めることはできませんが、ぜひ、日頃から、身の回りのコトバをコンセプトに関連づけるような連想をどんどんしてください。

昔、「マジカル頭脳パワー」というバラエティ番組で、「バナナといったら黄色！」「黄色と言ったらレモン」「レモンと言ったら紅茶」…という感じで連想していくゲームがありましたが、まさにこんな感じで考えていけばよいのです。

また、連想は、１人で考えるのもよいですが、親しい人との雑談の中で、「～と言えば…」と話題を広げると、楽しくヒットするコトバを探せるかもしれません。

こんなコトバ探しは要注意！

同業者間のコトバには要注意！

ここまでコトバの探し方や広げ方、絞り込み方、そしてプロフィールの再編集によって、コトバを探し当てることまでお話してきましたが、ここで注意点にも触れたいと思います。

著作権への配慮はもちろんですが、よくやってしまう代表的なことの1つは、自分たちの業界のコトバで物事を語ろうとすることです。

これは、何もコンセプトだけに限らず、ホームページやブログなどの文章も同じことなのですが、発信側の世界観を垂れ流しているものが非常に多いのです。

例えば、カウンセリングやNLPなど、心理を学んだ人のブログなどを見ると、一般の人にはわからない用語や学び仲間の間でしか通用しないコトバをズラズラ並べたものに出くわします。

「ビリーフ」「ステイト」「生き辛さ」「感情を解放する」「ペース&リード」…。

これらのコトバは、業界なら当たり前でも、あなたの顧客層から見れば、それは当たり前ではないし、わからないコトバを使われるほど、伝わる力は落ちる一方になります。

また、私がいた広告業界でも、「トーン&マナー」「タッチポイント」「アイドマ」「4P」など、たくさんのカタカナコトバがありますが、顧客層が大手メーカーのマーケティングエキスパートならともかく、一般にはよくわからないはずです。

このように、これらの専門用語は、複雑な概念を一言で表せる便利さがある反面、顧客のベネフィットを訴えるには、抽象的過ぎるコトバなのです。

また、抽象的なコトバと言えば、例えば、あなたが組織に起こる問題は、「上司と部下、横の部署など、タテヨコナナメの意思疎通が悪いことがすべてだ」と思っていたとしても、これを「コミュニケーションが大事」と丸めて表現した途端、「コミュニケーションとはどんなコミュニケーション？」「大事とは何がどう大事？」と、意味不明のストレスを与えて終了です。

さらに、「感情を解放」と言われても、「長年溜まった怒りの感情を大声で吐き出すこと」なのか、「遠慮せずに喜怒哀楽を出すほうが、健全な心を取り戻せること」なのか、わからないですよね。

要は、同業者が好んで使うコトバは、それが顧客層にしっかり伝わるコトバなのかに注意を払うべきということです。コンセプトは、よい悪いの前に、伝わらなければ全く意味がないので、選んだコトバが顧客層にきちんと伝わるコトバなのかを最初にチェックする必要があるということです。

コトバの世界観を肌で理解するように努めよう

宇宙意識というコトバには、スピリチュアルでやや怪しい雰囲気がつきまとうものですが、深層意識というと、心理学の教科書に出てくる感じがすると前述しました。

これは、「宇宙意識」をグーグル検索してみれば、スピリチュアル分野や自己啓発分野、あるいは秘密結社のサイトにヒットするように、そう感じた感覚は、あながち間違いではありません。コトバには、そのコトバが持つ世界観というものがあります。

同じ意味でも、「SWOT分析」と言えばビジネスライクな感じがするのに対し、「強み弱みを見極める」というと、人材育成分野でも使えそうな感じがしてきます。

私も、長年、広告業界に身を置いてきたため、話コトバも書きコトバも、小難しいカタカナ用語を使うクセがついて、直すのに随分と時間がかかったものですが、このクセが矯正されていくとともに、コンサルティングへの申込みが増えたり、ブログやメルマガの反響も増えていきました。

コンセプトに相応しいコトバを探すためには、普段の話コトバや書きコトバの段階から、顧客層の世界観に沿った表現を心がけるほど、コンセプトに相応しいコトバに当たる確率も上がります。

これは、例えば、40代の中堅企業の経営者が好んで読む雑誌と、30代起業女子が手に取る雑誌に書いてある内容やコトバ使いが別世界のように感じるのと同じです。

別の世界のものと思われてしまうと、伝えようとする本質が同じだとしても、そうは取ってもらえないわけです。

顧客が誰かのサポートを仰ぐと決める最終的な理由は「肌合い」です。

ですから、普段からその肌合いを合わせておくほど、選ばれやすいコトバを拾いやすくなるというわけです。

第５章

本当の
コンセプトになる
３ステージ

コンセプトはわが子のように育てていこう

人から言い当てられたコンセプトは自分のものにはならない

少しの間、私が広告会社に勤めていた頃の話をさせてください。

私は、広告会社という立場で、クライアントの創造作業をサポートする側として、キャリアを積み重ねました。もちろん、イベント運営や制作物の進行などの実作業もたくさんやりましたが、多くは実作業の前段階となるプランニングが私の主な仕事でした。

企画全体の編集作業はもちろんですが、コンセプトを提案する、一緒に考える、相手のアイデアに対する意見を言う、調査結果に対して考察・分析をする、また、コンセプトに基づいたネーミング、デザイン、ブランドストーリー、ビジョン、タグラインなどを考えるなど、様々な角度からコンセプトに向き合ってきました。

そして、このような数多くのクライアントとのかかわりから、提案する側とされる側の間で、これだけは絶対に正しいと確信したことがあります。

それは何かというと、「創造する仕事は、健全な共同作業がないと進まない」ということです。

これは、つまり、お金を払う側ともらう側にタテの関係があったとしても、創造の前ではヨコの関係でいるほうが優れたアイデアが出やすいということです。

どちらか一方だけがアイデアを出すだけは、片方の負担があまりにも多すぎます。相手に任せきりにする姿勢では、まず意図したアイデアは出てきません。１人で抱え込んで考えても、すぐ限界になってしまいます。

また、こちらと相手が、同時にコトバのアイデアを出し合うと、ぶつかるか譲り合い過ぎて、これまたうまくいきません。

ここで出てきた健全なヨコの関係とは、私のようなサポート側の立場では、あくまで本人の主体性を軸に、コトバを足したり引いたり、考える枠組みや順序を示したり、相手のアイデアに乗りながら進めるということです。

これに気づく前の若かりし頃の私は、目玉の毛細血管が浮き上がるくらいの勢いで提案しては跳ねられて、「このアイデアをよいと思わないのはアホだ！」とうそぶいていました。

しかし、よくよく考えてみれば、コンセプトも、何かの企画アイデアも、本当は当人が考えたいものです。

あなたが会社勤めであれば、制約だらけの組織の中で、何とか自分主導の仕事を実現させたい！と思うはずだし、経営者や個人であれば、生み出そうとするコンセプトは、イコールあなた自身のはずです。

特に、商品コンセプトやネーミングとなれば、それはもう、あなたの子供の名前と同じなのです。

しかし、子供だからこそ、なかなか思うようにいかない。したがって、どうしたらよいか、もっとよい何かはないかと、誰かに相談したいわけです。

そんな当たり前のことにやっと気づいた私は、特に、創造を要する仕事は相手を受け入れる距離感を大切にしながらかかわるようにしていきました。

アイデアがどんどん浮かんできても、グッと我慢して相手のアイデアを先に走らせる。相手の考えをまず引き出す。むしろ、こちらは、整理役に回り、コトバが十分に出たあたりで、散らかったコトバをつなぎ合わせてアイデアをレスポンスするようにしました。

すると、明らかに相手の反応が変わり始めます。

「ぜひ、相談したい」「打合せに参加して欲しい」「今度、こんなことを考えているのだけど、どう思う？」と相談されるようになったのです。

コンセプトは手塩にかけて育てていこう

このような経験を生かして、今、独立して人様のコンセプトをお手伝いするようになりましたが、この微妙な距離感でかかわるコンサルタントやプランナーは、実際、かなり少ないはずです。

これは、優れたコンセプトを生み出したいあなたの立場からすると、たとえ誰かにサポートを仰ぐにしても、主体性を持ってかかわることが必要ということです。

コンセプトを生み出そうとするあなたが、コンセプトをわが子のように思っているか、人任せにするのではなく自分で切り拓こうとしているか、あるいは、アイデアを否定した人の背景や思考の限界が見えているか。

自分にピッタリのコンセプトを誰かに決めてもらいたいという人は多いですが、コンセプトはわが子と同じですから、やっぱり手塩にかけて自分で育てる覚悟がいります。

それをわかっている人は、グルグル回っても、結局はよいコンセプトに行き当たるし、できたコンセプトをもとにどんどんビジネスをカタチにしていくものです。

コンセプトは３段階を経て本物になる

モラトリアム期↓立上げ期↓展開期を一周すると次のコンセプトが見えてくる

コンセプトは、売り、顧客の悩み、ベネフィットで構成されることをずっとお話していますが、コンセプトを考える順番も、売り↓顧客の悩み↓ベネフィットの順です。

例えば、あなたが独立したり、新しいビジネスをカタチにする過程でも、まずは、自分に何ができるだろう？（売り）、その売りは誰の役に立つだろう？（顧客の悩み）、それで顧客は何を得るのだろう？（ベネフィット）の順に明らかになりませんでしたか。

実際、私も、全くゼロの段階からグッと売れ出した人を数人ほど定点観測していますが、売り・顧客の悩み・ベネフィットがピタッと一貫性が出たときに最初のブレークが起こるケースが多いです。

コンセプトは、それらを一気にコトバにしなければ伝わらないので、最初は雲を掴むような仮説ですが、実際、これは次の3段階を経ながら、段々とハッキリしていきます。

（第1段階）モラトリアム期

この時期は、その言葉どおり、何をどうしてよいかわからない時期です。

私も経験があるのでよくわかりますが、そういうときというのは、人は、「今の仕事が違うことだけはわかるけれども、何が自分の強みなのか、何をすべきなのかがわからない」という状態になります。

何事も、「0→1」にするときが一番大変といわれますが、実は、この「0→1」の前半は、ただ、悶々として過ぎてしまう時期です。

「0→1」は、起業では2年～4年かかると前述しましたが、その半分以上が、目に見える成果が出ずに過ぎていくのです。一通りビジネスを回している人は、今の仕事への疑問やモチベーション低下が起こり、本当の道は何かを模索したい衝動に駆られます。

また、経験ある人でも、モラトリアム期の前半は、ただ忙しく、悶々とした気持ちを抱えながら、過ぎてしまう時期です。

そして、この頃は、コンセプトはなかなか見えません。

たとえ見えたとしても、強みを表す単語程度。顧客の悩みなどは、実際に接しないと、なかなか実感としてつかめない時期です。

（第2段階）立上げ期

モラトリアム時期を超えてくると、具体的な行動をしたい衝動が湧いてきます。

退路を立つ覚悟ができ、限られた時間を有効に使って、ゴールに向かいたい気持ちでいっぱいになります。

また、時間を大切にするのは、このビジネスの立上げ期に、どれほどのことをやらねばならないか、肌身にしみてわかるからです。

独立で言えば、プロフィール、コンセプト、サービス設計、顧客導線、セッション、ブログ、セミナー等々、先の「0→1」の後半にやることが、これらの具体的な作業です。

コンセプトは、この段階では仮説レベルでもいったんできて、それをもとにビジネスの仕組みを回すようになります。

また、必要な人との出逢いも頻発し、新たなステージに向けてどんどん忙しくなってきます。

（第3段階）展開期

コンセプトをもとにしたビジネスの仕組みが回ると、次は集客力を強化したり、商品力を強化したりしながら、仕組みを強くしていきます。

利益もどんどん上がりますが、一方で、本当にこのポジションでよいのか、忙しくなる一方で、このやり方は正しいのだろうかなどの迷いも出てきます。

展開期は、そんな迷いと日々の顧客対応で忙しい時期ですが、このときの葛藤やジレンマこそが、次のコンセプトのアップデートポイントです。

このように、モラトリアム期↓立上げ期↓展開期とスパイラルアップしながらコンセプトは進化していきますが、このサイクルを1周すると、次のステージが見えてくるものです。

1度つくったコンセプトの大枠は変えない。しかし、小さなパンチは角度を変える

時々、このサイクルを待たずにコロコロとコンセプトを変える人に出くわしますが、あなたの根幹となるコンセプトをコロコロと変えるのは、あまりおすすめできません。

もちろん、言い回しの一部を変えるマイナーチェンジならよいのですが、ホームページのメインコピーを大幅に変える、全く違う肩書に何度も変えるなどすると、顧客から見て、何をやっている人なのかさっぱりわからなくなるし、信頼も失われがちになります。

コンセプトは、たとえ仮説レベルでも、大枠はあまり変えずに、デンと構えて育つのを待ちましょう。

一方、コンセプトに基づいた目先の小さな打ち手は、あれこれといろいろ試してみると新たな経験もできて、次のコンセプトの参考にもなります。

小さな打ち手というのは、例えば、開催するセミナーの内容を変える、単発で募集するセッションの切り口を変える、無料配布する特典内容を変えるなどです。これらの手数を打って、何をやっ

たらどんな反応が返ってくるのかを肌で理解してから、コンセプトに生かすほうが確実なわけです。

大枠は変えない。でも、小さなパンチは角度を変える。

この2つの異なる行動を使い分けることが、コンセプトを効率的に進化させるコツです。

リ・ポジショニングは現コンセプトの実績からつくっていく

今のコンセプトに窮屈さを感じたらリ・ポジショニングのタイミング

モラトリアム期↓立上げ期↓展開期を1通り回り、また次の成長ステージを登ろうとするとき、コンセプトを変えたくなることが多々あります。

例えば、30代ビジネスリーダー向けの部下育成プログラムを提供していたのが、次のステージとして上級管理職向けのエグゼクティブコーチングを提供したくなったといったケースなどです。

つくったコンセプトで1通りビジネスをすれば、当然、実績は積み上がるし、顧客やあなた自身も成長します。

すると、これまでのコンセプトが段々、窮屈になってくるわけです。

「あの人がやっているビジネスが憧れ」とか、「もっと自分には違う道があるはずだ！」といった短絡思考でコンセプトを変えるのは危険ですが、今のコンセプトに窮屈さを感じたら、それはリ・ポジショニングのタイミングです。

今あるリソースから次の突破口を生み出した成功事例

第1章でも少し触れましたが、ランニングコーチの有村尚也さんは、元々はシニア向け健康づくり教室で独立された方です。

当初、彼と一緒に考えたコンセプトは、「ココロ・カラダがウソみたいに軽くなる『みがるメソッド』」。この初心者にもわかりやすいコンセプトで、地元広島で着実に業績を伸ばしておられました。

このコンセプトは、彼が学生時代から健康づくりの専門知識を学び、社会人になっても子供から高齢者、有疾患者など、1万名以上の健康にかかわってきた経験をベースにしたものです。

一方で、彼は、石川県の駅伝強化や社会人や高校駅伝チームのコンディショニング担当といったアスリートの実績も十分にあり、当初のコンセプトとは別に、この独自の体づくりメソッドをもっとランニングに生かせないかとずっと考えていたのです。

しかし、既に健康づくり教室を運営する中で、おいそれとコンセプトを変えるわけにはいきません。

そこで、彼が取った戦略は、体づくりのノウハウで、シニア層のフルマラソン完走を実現させるという戦略でした。

そして、健康づくり教室の中で、ランニングに興味のある生徒を募って指導を始めたところ、30分走ることがやっとだった当時69歳の女性が、たった2年で80キロを走破、経験ゼロの59歳の男性が、1年でフルマラソン走破、さらには、重度のヘルニアでランニングを中止されていた55歳の男性を、1年足らずでハーフマラソン完走に導くなど、数々の実績をたたき出したのです。

その実績をもとに、「経験ゼロから確実にフルマラソン完走に導く『アリムラ式戦略的ランニングメソッド』」というコンセプトを打ち出し、見事にリ・ポジショニングを成し遂げられました。

今、有村さんは、ランニング指導はもちろん、ランニングコミュニティーの運営やスタジオ運営などに大忙しです。

さらには、テレビやラジオへの出演も増え、まさに、過去から現在のリソースを常に次に活用し続けて成功していく典型例となっています。

事実の積重ねが本物のコンセプトに辿り着く最短距離

有村さんの事例のように、リ・ポジショニングの基本は、過去から現在のリソースを活用して実績を出し、やれることからやりたいことにシフトしていくことです。

そのカギはやはり実績です。

実績というと「そんな立派な実績などない」と嘆かれる方も多いですが、これはコツコツと積み重ねる以外に手はないし、顧客が実績を出すまでにそれ相応の時間もかかります。

したがって、もし、独立を考えてコーチをはじめとする資格を取るのであれば、スキルの吸収はもちろんですが、まずは無料でもたくさんモニターを募り、とにかく実績が出るまで徹底的にサポートすることです。また、現コンセプトから次にシフトするとしても、現コンセプトで積み重ねる顧客実績は何よりも大切です。

たとえ、少し分野が異なるとしても、過去にそれだけのことをやった人という見え方になれば、それだけ次に移行しやすくなるのです。

このようにして、どんなときでも実績という事実をベースにコンセプトをつくることで、純度100％のあなたに近づいていくというわけです。

長続きするコンセプトとすぐ終わるコンセプト

そのコンセプトをどこまで語れるか

コンセプトは、ハコのラベルというお話をしましたが、もちろん、ハコの中身、つまりあなたのサービスやノウハウ、それらをまとめたコンテンツあってのコンセプトです。

時々見かけるのですが、コンセプトという短いフレーズを試行錯誤することはよくても、肝心な中身、つまりコンテンツを置き去りにして、コンセプトワークが単なるコトバ遊びになってしまうケースもあります。

こうなってしまうと、中身がコンセプトに伴わなくなるので、「結局、見かけ倒しだった」と思われて、段々とクライアントが離れてしまうことにもなりかねません。

コンセプトを決めるということは、そのコンセプトのプロになるということです。

プロは、そのコンセプトの中身はもちろん、事例や顧客実績、様々な顧客の悩み、Q＆Aなど、いくらでも挙げられるのがプロなのであって、まだその域に到達しないとしても、そこを目指す覚悟があるほど、コトバの説得力が出てくるものです。

逆に言うと、コトバ遊びになってしまうのは、まだ中身が伴っていないから魅力的なコトバが当てはまらないということなのです。

コンセプトに比例して中身を進化させるには、つくったコンセプトに関するQ＆Aを１００個つくる、サービスに関する動画をどんどん配信する、ブログ記事などを書き貯める、出版するなど、中身の充実を併行して行うことが大事です。

そして、こうして中身をどんどん深く掘っていくと、それまでは気づけなかった差別化ポイントや見逃していた顧客ニーズを発見できるのです。

皆、ひと通りのことは考えているものですが、皆より1歩深く捉えることで、思わぬ金脈がつかめるというわけです。

誰かにつけてもらったコンセプトは長続きしない

私のところには、起業塾などでコンサルタントにコンセプトを考えてもらった後、どうもしっくり来ない、もう1歩深いところからエネルギーが湧いてこないという相談も時々あります。

たとえそれで一時的に売上が上がったとしても、売れる型に当てはめたようなコンセプトだと、どうしてもその後に１００％の力が出なくなってしまうのです。

なぜかと言うと、「自ら深く考えて納得する」という過程をすっ飛ばして、先に誰かに「答」を与えられたものは、決して自分のものにはならないからです。

コンセプトはもちろんですが、起業でも、転職でも、本当の気持ちでないものは、多くの場合、途中でガス欠を起こしてしまうものです。

一方、「自分の本当にやりたかったことはこれなんだ」「自分の中で昔からずっと一貫しているのは○○だから、周りはどうであれ、これでいくのがよいんだ」と腹の底から決めたコンセプトは、その後も長続きする場合が多いです。

以前のクライアントでも、マーケティングコーチとしてあっという間に月商２００万円を超える実績を出しながらも、学校をつくる志に向けて寄付を欠かさず、講師としても活動を始め、1歩1歩、目標に近づいている人もいます。

また、この後でご紹介するスタイリストは、業界では珍しいリピート率の高さを生かして、独自プログラムをつくり、さらに独自路線を突き進んでいます。

もちろん、そこに至るまでには、どんな人だって紆余曲折があります。また、そもそも人は、自分が本当に何を望んでいるのかわからないものなのです。

そんなおぼろげな想いの皮を1枚ずつむくようにして出てきた本当の気持ち、本当はやりたかったのにずっとフタをしてきた情熱、それを直視して、受け入れて、決めたコンセプトは長続きするのです。

したがって、今すぐ、そんな本物のコンセプトに出会えないとしても諦めずに、あなたの真実のコンセプトに辿り着くまで諦めずに仕事をやり通すことです。

もし、ガス欠したら、それはまだまだ本物ではないと思って、逃げずに自分に向き合ってください。それを続ければ、自ずと本当のコンセプトは見えてくるはずです。

たくさんあるメニューを統合してコンセプトをつくる

横に広がりすぎたメニューは新たなコンセプトで括ろう

コンセプトをつくるタイミングは、独立に向けて本気で動き出すとき、ポジションを見直そうとするときなどが主ですが、もう1つ多いのがこれまでのメニューを統合しようとするときです。

よくあることなのですが、大枠の方向性が定まり、初めてビジネスを展開していくときは、大体、単発のメニュー展開をする方がほとんどです。

すると、段々、クライアントの細かなニーズに対応しようと、単発メニューが増えてきます。

この横に広がりすぎるメニュー展開が、１度定めたコンセプトの輪郭をわかりづらくしてしまうケースがよくあるわけです。

ライフチェンジスタイリストとして、多くの30～40代女性のファッションやメイクを指導されている久芳奈苗さんは、「似合う服でなりたい自分になれる！」をテーマに、地元広島のＴＶや雑誌から多数取り上げられる人気のスタイリストです。

当初、彼女もカラー診断からメイクレッスンなど、多くの単発メニューを抱え、コンセプトとして表現したい想いとメニューをうまく統合できずにご相談をいただきました。

第3章でも触れましたが、彼女のように顧客ニーズやベネフィットなど、既に方向性は見えている場合、メインサービスの中身を設計しながら、そのタイトルをコンセプトに据えるというアプローチが最も現実的です。

また、同時に、たくさんあるメニューも1本化できるので、顧客にとってのわかりやすさも打ち出せるわけです。

その旨を彼女に説明し、早速、統合メニューづくりに着手しました。

もともとしっかりしたビジネスポリシーをお持ちだった彼女は、メニューづくり開始直後から、「遺伝子ファッション」というキーワードを思いつきます。

サービス設計では、このコトバの中に、肌がキレイに見える色診断やメイクレッスン、身体をキレイに見せる服の提案、ファッション診断など、これまでの単発メニューを統合し、「35歳以上の女性が自信を取り戻す一番の近道＝遺伝子ファッション」という図式を表現されました。

そして、この統合メニューを早速テスト展開したところ、あっという間にモニター枠は満席となり、モニター終了後も安定的に申込みが入る一番メニューになりました。

また、さらに、単発から継続的にクライアントにかかわれる機会がグンと増え、一番楽しくやり甲斐のあるメニューになったとのことです。

統合のカギはクライアントが欲しがるゴール

このように、メニューが増えた結果、コンセプトがわかりづらくなるケースも多ければ、あれこれと資格やスキルがあるが故にコンセプトの軸足の置き所がわからなくなるということはよく起こります。

そのようなときの統合の仕方は、自分ができることベースで考えるのではなく、顧客の体験に応じてできることを並べ、それを総称するコンセプトを考えることです。

久芳さんの場合も、キーワードは「遺伝子ファッション」でしたが、そのベネフィットは、クライアントが「自信を取り戻す」というゴールでした。

つまり、たくさんあるメニューでも、スキルでも、クライアントが欲しがるゴールに向けて、それらを並べれば、統合は特別難しいことではないのです。

そして、それを括るキーワードが出てくれば、統合されたメニューと同様、コンセプトを進化させることができます。

久芳さんの場合は、「35歳を過ぎて自信を失いがちになる女性に、遺伝子ファッションで、外見の自信をつけることで自信を取り戻す、ライフチェンジスタイリスト」という20秒コンセプトになったというわけです。

できたコンセプトを核にビジネスを回していこう

コンセプトができた後のことを押さえておこう

第5章では、コンセプトを育てていくことやコンセプト創出を阻む心理などをお話してきましたが、育てるとは、当たり前ですが、コンセプトを核にビジネス経験を積み上げていくことです。

コンセプトができただけでは、まだ机上の空論です。

そのコンセプトのコトバを核として、サービスやセミナーなどの商品、SNSや広告などの認知拡大策、そして、何よりも顧客と接する経験が、あなたのコンセプトを本物にしていくわけです。

では、コンセプトを核にビジネスを回すとはどういうことでしょうか。

これは、かいつまんで言うと、①コンセプトを決める→②売るサービスをつくる→③それを欲しい人に届ける活動をすることです。

あなたが普段から接している車も、ビールも、皆、この手順でつくられます。もちろん、物でなく人がやるサービスも同じことです。

本書では、①のコンセプトのつくり方を中心にお話していますが、次にやることは、②のサービスを形にすること、その次が③の欲しい人に届ける活動です。

しかし、実際は、③の欲しい人に届ける活動というのは、多くの人に知られている有名人か、あるいは最初から莫大な広告費をかけられる人でない限り大変な時間がかかります。

したがって、ほとんどの人は、コンセプトがまとまらないうちからせっせとブログを書いたり、頻繁に交流会に参加するなどして、仕事のきっかけをつくり出しています。

そして、多くの人と知り合ったきっかけを、その後に生かすために、フェイスブックやメルマガで緩くつながり、そこからサービスを体験してもらい、そこで気に入った人が、コンセプトをもとにしたメインサービスに申し込むという流れをつくっています。

この流れのことを顧客導線といい、きっかけから申込み、またその先の継続までの段階的仕組みのことを、マーケティングではＡＭＴＵＬ（アムツール）の法則といいます。

ＡＭＴＵＬとは、Ａ（認知）、Ｍ（記憶）、Ｔ（トライアル）、Ｕ（使用）、Ｌ（愛用）のことを指しますが、これはある広告会社ではカスケードと呼び、あるシンクタンクでは顧客ステップと呼びます。

ちなみに、私は、５つの歯車と称して、きかっけ↓信頼↓体験↓申込み↓継続という呼び方をしています。

コンセプトを軸にしてビジネスを回していく

いずれにしても、この流れに沿って、コンセプトを軸にした広告やブログ記事などのきっかけづくり、コンセプトに基づいたメッセージやノウハウ提供による信頼獲得、コンセプトが形になったサービスを体験してもらう施策、そしてメインサービス、継続プランなど、それぞれの段階に応じた活動を揃えるのがビジネスの仕組みを回すということです。

もちろん、仕組みが回り始めの頃は、それぞれの歯車がうまく噛み合わなかったり、どこかの歯車が脆弱だったりして、すぐにうまく回る人は少数です。

また、コンセプトに基づいたメッセージがうまく書けなかったり、思うようなサービスができずに苦労するなど、コンセプトを形にする過程では、様々なハードルが立ちはだかります。

しかし、狙いどおりの顧客と契約して、その期待に応えられたときの喜びは、何ものにも代え難いものです。

当初、自分の頭の中だけにあった漠然とした想いは、コトバになり、コンセプトになり、サービスになり、それが多くの人に知られ、期待され、実際に契約とお金になって、あなたのもとに対価となって返ってくるのです。

そして、このような喜怒哀楽を経て、コンセプトの改善点はもちろん、あなた自身も成長して、また次のコンセプトを生み出したくなっていきます。

このように、あなたの本当のコンセプトや次のコンセプトは、それを形にして、実際、顧客に喜ばれて対価を得る経験を積んで初めて、次の想いが湧き出てくるものなので、初めてつくるコンセプトは、少々、完成度が低くても、差別化が弱くても、まずは出してみて反応を得ることです。

私もそうでしたが、私のクライアントや周りの人、既に成功している人も例外なく、まずは仮説のコンセプトを打ち出し、それで思うような反応が得られず、改良してまた出して…という試行錯誤の積重ねを土台としてヒットに行き着いています。

最初はともかく経験が優先。差別化やポジショニングといったいわゆる戦略面は、いったんビジネスを回した後に考えても、遅くはないということです。

本物のコンセプトかどうかを自己評価してみよう

本物のコンセプトかどうかをチェックする６つの問い

第５章では、いろいろな事例をもとにお話してきましたが、本当のコンセプトとは、誰かの価値観でもなく、流行りだからでもなく、すぐに儲かるからでもない、本当のあなたの中にあります。

また、人によっては、あえて仮初めコンセプトで経験を積むとか、偽コンセプトを経験して初めて本当のコンセプトの大切さに気づくなどして、経験や実績とともに掴んでいくものです。

ただ、そうは言っても、考えたコンセプトが自分にとって本物なのかどうか、せめて判断する目安が欲しいですよね。

そんなとき、私は、次の項目を考えるようにしています。

①　自分の強みを再確認する項目

これで行こう！　と思っているコンセプトは、

・経歴などからプロと見られるものか
・そもそもそれは、ずっと試行錯誤し続けてきたことなのか
・そのコンセプトについてブログなどの文章がスラスラ書けるかです。

このどれかがNOだとしたら、私は、そのコンセプトでいくことはあまりおすすめしません。なぜなら、それは、肌の合わない顧客ばかりが来てしまったり、本来いるべきポジションがわからなくなったりするからです。

② 周りや顧客層からの期待に関する項目

これは、あなたの周りにいる人や顧客とのかかわりの中で、常にアンテナを張っておくと、段々と紐解かれていくものですが、それは、次の項目です。

・以前から期待されていたことか
・同じような仕事をしている人と一線を画す何かがあるか
・身内やハイレベルな層からも期待されることか

これらは、いわゆる顧客の期待にストレートに応える差別優位性のあるコンセプトかということですが、①が自分の本当の「道」なのかを問うのに対し、②はそれでやっていけるかを問うているわけです。

先の有村さんの事例は、まさにこの①②を満たしたものですが、私は、ビジネスの成長とはこれらの問いにすべてＹｅｓを出すためにやり続けるものだと思っています。

第6章

最強コンセプトに必要なチカラの養い方

コンセプトを生み出す創造性を磨こう

創造性に対する誤解

ここまでコンセプトの公式や生み出し方、言葉の探し方、そして、コンセプトがどのようにして本物になっていくのかをお話してきました。

そして、これらすべてに通じて必要なのは「創造性」です。

コンセプトの公式に相応しいコトバをどこまで探し出せるのか、探したコトバをどのようにコンセプトに応用するのか、コンセプトを本物にするビジネスにはどんな発想や行動が求められるのか、それらすべてが創造性であり、これは学校で行儀よく先生の話をノートに取るだけ、会社で上司から言われたことを忠実にこなすだけでは、決して高めることのできない力です。

というか、もし、次のような信念を持っているとしたら、コンセプトを生み出すという視点から見れば、早々に捨てなければいけません。

それは、

・仕事とは言われたことを正確に行うことだ
・自分で物事を考えてはいけない
・自分の人生を生きてはいけない

です。

にわかに信じがたいかもしれませんが、私は、これまで、数百人の人のサポートをしてきて、アイデアがなかなか出てこない人は、このような信念を大事に抱えていると強く感じています。

また、創造性は、能力とか才能と思い込んでいる人も多いですが、心理学者スターンバーグの言葉を借りれば、「創造性は才能ではなく、日常の習慣から生まれる」です。

習慣という以上、今からでも、年を取っても身につけることができるということです。

そこが理解できたら、次に必要なのは、他との違いを生み出すということに体を慣らすことです。

コンセプトは、「売り×顧客ニーズ×他と被らない」の重なりを見出すこととお話ししましたが、他と被らないことは、皆と同じ道を取ることに決別する勇気がなければできないことです。

この勇気をどこまで持てるか、勇気を持ったら実行できるか、私は、コンセプトづくりの最大の難関は、ここだと思っています。

ひらめきが現実になるプロセスとは

創造力を磨く上で、もう1つ理解しておいたほうがよいことがあります。

それは、ふと、ひらめいてから現実になるまでのプロセスをしっかり理解しておくことです。

というのは、ほとんどの人が、創造のプロセスを知らないばかりに、じっと考えるべきときに動き回ったり、あるいはその真逆の行動のせいで、物事をうまく形にできないからです。

〔図表16　創造のプロセス〕

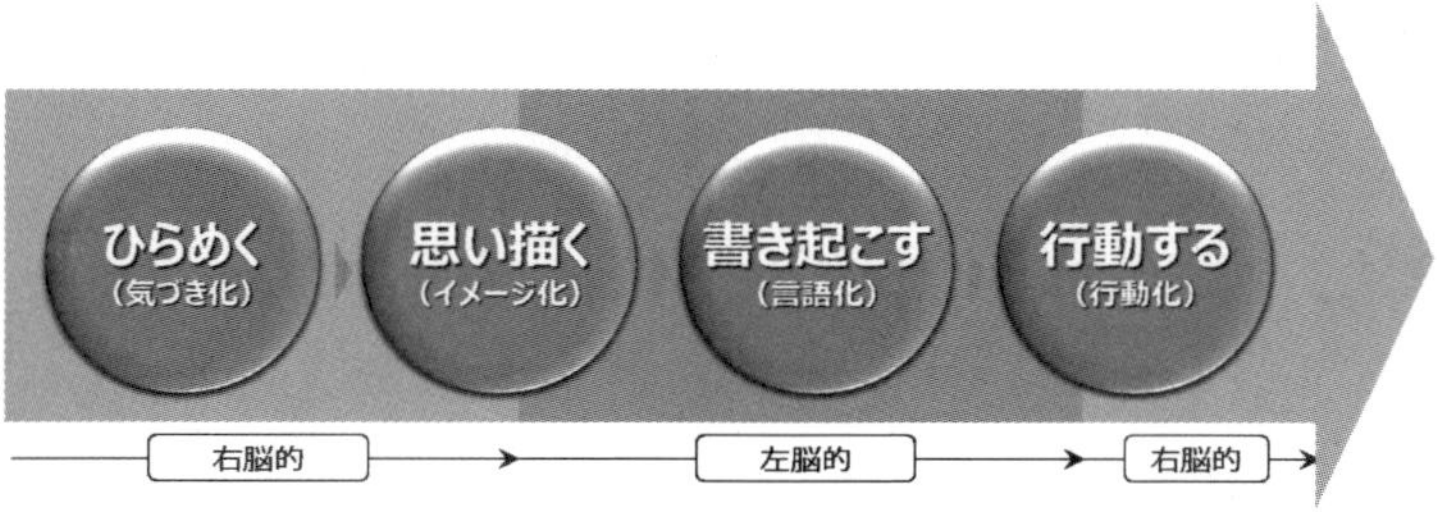

第4章でも収束思考と発散思考の説明をしましたが、これを創造のプロセスと組み合わせて表してみると、

①　ひらめく…（右脳的な発散思考。無秩序にアイデアが降りてくるが、点と点がつながらない段階）

②　思い描く…（右脳でさらにイメージを膨らましたり、左脳で点と点をつないで考える段階）

③　書き起こす…（左脳的な収束思考。言語化や順序化で人に説明できるようにする段階）

④　行動する…（右脳的な行動でご縁を育んだり、計画を実行に移す左脳的な行動をする段階）

となります（図表16参照）。

そして、コンセプトは、「〇〇さんと言えば××」という認識を広めるための行動の旗印となります。

すべての行動は、その旗に向けて行い、その旗を多くの人に知らしめ、信頼してもらえるように行動する。旗にそぐわないことはやらない。

あなたの思いが現実になるかどうかは、すべての活動をこのプロセスに乗せて旗印に向かう集中力に比例するというわけです。

ちなみに、このプロセス、コンセプトという旗印、それに沿った集中力を発揮する代表的なときは、大型のプロモーションを仕掛けるときなどがそれに当たります。そして、当然、このような仕掛けをすれば集客力は高まります。

結局、集客力が高い人というのは、このような「創造的仕掛け」を積極的に行っているということなのです。

ひらめきたいことが明確だからアイデアが降りてくる

ひらめきが起こるサイクルとは？

コンセプトはもちろん、何かをクリエイトする取っかかりは、アイデアやコトバをひらめくことです。

しかし、ひらめきは、無秩序に起こるため、なかなか習慣にするのが難しいわけですが、だからといって全く手立てがないわけではありません。

まず、理解しておきたいことは、そもそも、ひらめきとはどこからやってくるかです。

第４章で、部屋の本棚や検索を駆使してコトバを探すやり方をお話しましたが、これは、目的を持って集めた情報から連想力を働かせてひらめきを呼ぶ方法です。言い換えれば、意識的な作業ということです。

しかし、ひらめきは、アルキメデスが、お湯が湯船から溢れるのを見た瞬間にアルキメデスの原理を発見したように、無になった瞬間に起こることが多いものです。

もちろん、アルキメデスも、考え尽くしたからこそ、無の瞬間に答えを思いついたわけですが、それは結局、次のようなサイクルが回ってひらめいたということではないでしょうか。

それは、

・気づきたい事柄を明確にする
・自分に問いかけたり、人に聞いたりして働きかける
・答えや結果のことをいったん手放す
・手放したときにひらめく答えを受け取る

です。

多分、あなただって、やりたい仕事について考えるのを辞めた途端にチャンスがやって来た、恋人をつくるのを諦めかけたときに出会いがやって来た、今月の集客に執着する気持ちを捨てたら思わぬところから集客できた、といった経験があるはずです。

また、強みとは、自分に問いかけた内容量の総和でできる話も前述しましたが、結局、このサイクルが無数に回った結果と同じことです。

したがって、コンセプトでも、次の新しい施策アイデアでも、何に気づくべきかを明確にし、問

いかけ、１度手放し、素直に受け取るという思考の習慣が必要なのです。

ひらめきは、検索や本棚以外にも、人との対話、誰かのメルマガ、封印した記憶や夢、あるいはアルキメデスのような偶然起きる出来事からやってくるかもしれません。大事なのは、それらすべてにアンテナを張ることです。

創造的になるクリエイティブ習慣を取り入れよう

創造性は、習慣から始まるので、ここで代表的なクリエイティブ習慣術を少しご紹介しておきます。

いずれも意識するだけでよいので、ぜひ、明日からでもやってみてください。

①　ひらめきは無地の紙にランダムに描いていく

クリエイターやプランナーの多くは、アイデアを考えるとき、無地の紙を使っています。

私も、いろいろなクリエイターと仕事をしましたが、普通の人がノートに箇条書きのようにメモを取るのとは異なり、クリエイターが書くメモは、ランダムで絵が多く、色使いも豊富です。

しかし、このような自由な描き方は、頭のイメージをそのまま描いていることに近く、後から見直すときに、メモったときの情景も浮かびやすいものです。

ひらめきはすぐに消えてしまうので、最低限メモを取ることです。そして、その取り方は、できるだけ思い浮かんだとおりの情景を描くようにするとよいです。

② 人に話すほど気づきが起る

これは、先のサイクルで言えば、働きかけることに属しますが、人に話すことイコール口の筋肉を使うことで、脳は活性化するそうです。

また、アイデアがまとまらないうちから話しても、肩肘張らない会話なら相手もよいフィードバックをしてくれるかもしれません。

ちなみに、私が広告会社に勤めていたときは、特に意識して、いろいろな人にでき損ないのアイデアを話してはヒントを集めて企画にしていました。反対に、1人で黙って抱え込む人ほどアイデアはなかなか出ませんでした。

働きかけは、自分に対して問いかけることはもちろんですが、身近な誰かに話すことも働きかけということです。

③ 歩き回る

歩くことで脳が刺激され、クリエイティブなアイデアは60％も上昇することが、カリフォルニア州サンタクララ大学の調査結果で報告されています。

④ 疲れているときは創造の仕事は休む

脳は、消費カロリーの2割を占めるそうですが、体が疲れれば脳が機能しないのは当然です。

そこに創造しようと頑張ると、今度は心まで疲れ、心が疲れると悲しみや怒りに支配されやすく、魂まで劣化します。

疲れたときは、創造の仕事はやらずに、単純作業などに切り替えたほうがラクですが、一番よいのは十分な睡眠を取ることです。

脳は、睡眠で日中の記憶を自動編集してくれるし、予め問いかけなどによって脳に働きかけておけば、自動的に答えを探しに行く機能も持っています。

疲れたら、問いかけだけして後は寝ることです。

昨今は、世界の名だたる経営者が８時間睡眠を宣言する時代ですが、質のよいアウトプットのためにも十分な睡眠を取り、よいひらめきが起こりやすい状態に自己管理することが大事です。

創造する時間の生み出し方

創造する時間は緊急ではないが重要なこと

「汝の時間を知れ」とは、ドラッカーの名言です。「自分が何にどれだけの時間をかけたのかを把握せよ」ということです。

時間管理の方法は、世にたくさんありますが、私は、時間の使い方は次の４つに分けて把握するように、クライアントにおすすめしています。

それは、

①　プライベートに使う時間（睡眠や食事なども含む）

② すぐ対応することに使う時間（顧客対応など）
③ ビジネス習慣に使う時間（ブログやメルマガなどの顧客創造に要する時間）
④ 何かを創造する時間（コンセプトや新サービスを考えるなど、時をかけながら取り組むこと）

です。

そして、スケジュールを埋めていく優先順位は、①から④です。

プライベートから先に入れるのは、プライベートを入れておかないと、つい仕事ばかり優先して、疲弊しがちになるからです。したがって、まずは生活時間も含めて、プライベートを最優先させます。

次に優先するのは、「顧客対応の時間」です。

これは、やはり、クライアントあっての仕事ですから、信頼を得るためにも日常の優先事項は顧客対応です。

その次は、明日の「顧客の創造に使う時間」です。

あなたが、オンライン集客がメインであれば、ブログやメルマガを書く時間がここに入り、リアルで人と会って仕事をつくるタイプなら、交流会の参加など人的つながりをつくる時間がここに入ります。

最後が、「何かを創造する時間」です。

そして、スケジュールをつくるときは、プライベートから顧客創造の順にスケジューリングした後、どれだけ「何かを創造する時間」が取れているかに注意することです。

もし、１週間のスケジュールの多くが、顧客対応に追われているとしたら、売上は立っても、次の顧客を見つけることをしていないので、近い将来の売上減になってしまうし、仮に、顧客対応とメルマガなどの発信をやっているとしても、何かを創造する時間を取らなければ、あなたのビジネスは、当面、代わり映えしないどころか、飛躍のチャンスを逃す恐れもあります。

したがって、プライベートから先にスケジュールを埋めて、最後の何かを創造する時間が程よく取れる程度にしておくことが大事なわけです。

あなたのビジネスの成長は、特に年単位で見ると、この何かを創造する時間によって大きく左右されます。

繁忙期や閑散期によってそのバランスは変わったりしますが、トータルで創造する時間がうまく取れるようにスケジューリングしてみてください。

創造する時間に入れる内容はできるだけ細切れにしよう

時々、創造する時間を取っても、それをうまく使いこなせないという相談をいただくときがあります。コンセプトをつくろうと時間を取ったのに、机の前でボーッとしてそのまま時間が過ぎてしまうというのもその典型例です。

このようなときは、何かを生み出すまでの作業内容を細切れにして考えることです。

例えば、コンセプトをつくるにしても、これまでお話したように、売りのコトバ、顧客の悩みのコトバ、ベネフィットのコトバを生み出さなければならないし、それを調べる時間や考えをメモすることもコンセプトを生み出すための時間です。

そして、このような細切れにした内容を、創造する時間に細々と書いておくのです。

こうしてスケジューリングしておくと、たとえコンセプトワードがすぐに出ないとしても、進捗している実感につながるし、アウトプットできない焦りも軽減できます。

何かを創造する時間というのは、すべてを100とした場合、その半分以上は進捗が目に見えません。また、その労働感の薄さがイヤで、多くの人がつい後回しにしてしまいがちです。しかし、実は、この時間帯に考えたことが、ビジネスを成長させる一番の力になるのです。

この手応えがない時間帯にどれだけ向き合えるか。これに真剣に向き合っていれば、後になって、ビジネスが成長していることが実感できるはずです。

人生のターニングポイントは次のコンセプトの熟成期間

コンセプトを生み出す原動力はネガティブ経験から始まることもある

ここまで角度を変えながら､ずっと本当のコンセプトに辿り着くための方法をお話してきました。通算時間の法則、コンセプトが本物になっていく3段階、創造力を発揮する習慣づくり…。

それらすべてを駆使し、実践を繰り返しながら、あなたのコンセプトは揺るぎのないものになっていきます。

そして、その中でも最もコンセプトを生み出す原動力となることは、あなたの身に起こる、一見、不幸の皮を被ってやってくる出来事です。

親とうまくコミュニケーションができずに苦しんだ経験を生かしてセラピストになろうと決意した事例もそうですし、異動先がマグロ漁船だったことをきっかけに人材コンサルタントになった、長時間残業が当たり前の社会に義憤を感じてワークライフバランスを打ち出した、ガンの克服から回復というコトバに行き着いた…等々、多くの人は、このようなターニングポイントを経て、その後、コンセプトを形にしています。

もちろん、その渦中はとても苦しいです。

「なぜ、私だけがこんな目に？」と神様を呪うような気持ちになったかもしれません。

しかし、起こっているネガティブの状況の中には、必ずポジティブな一面が存在します。

親子関係でも、リストラでも、苦労した経験がもとになって、多くの人を助けることができて、さらに収入まで得られるのですから、その苦しい渦中には、既に将来の幸せが含まれていることになります。

また、コンセプトは、このようなネガティブな経験をプラスにする転換点であり、コトバとして表に現われるまで、あなたの中に熟成しているのです。

したがって、仮に今、あなたが苦しい中にいるとしたら、将来のネタづくりをしていると思ってください。

その将来に何とか辿り着きたい！　という意欲こそが、コンセプトを形にする原動力だし、そもそも創造にはそれだけのエネルギーもいるのです。

創造のパワー不足もかなり悩ましいですから、忘れがたい「悔しい経験」「悲しい経験」「義憤に駆られるような経験」があるのなら、それは将来の宝物ということです。


現実になるまでのテストをクリアしていこう

ネガティブ経験からコンセプトを生み出したストーリーは、多くの人の心を打つものですが、一方で、どん底から立ち直るまでにどんなハードルがあるのかに触れているところは、なかなか見当たりません。

なぜ、立ち直るときのハードルにあまり触れないのかというと、そんなことを言うと、顧客が来なくなるからです。

しかし、もし、あなたが、本当のコンセプトに辿り着きたいことはもちろん、新しい人生をスタートさせたい、長年の想いを現実にしたいのなら、現実に正面から向き合って「神様のテスト」を1つずつクリアしていくことです。

それは、どんなテストかというと、
・やってもやっても結果が出ない時期をどう過ごすかという耐久力テスト

・一緒に始めた誰かのほうがうまくいくのを見せつけられる焦りの乗り越え力テスト
・できないことを人のせいにしていないかを試す内省力テスト
・ちょっとうまくいってのぼせ上がらないかを試す重心力テスト
・やっていることがいつの間にかズレていないかを試す振り返り力テスト
・うまい話に踊らされていないかを試す心眼力テスト
・その目標がいつの間にか利益だけ名誉だけになっていないかを試す抑止力テスト
・その目標が人にとっても意義あるものかを試す貢献力テスト

などです。

これらに当てはまるような現実を1つずつ乗り越えた先に、望んでいたことが現実になるわけです。

したがって、コンセプトを考え続けることを辞めてしまったら、耐久力テストは不合格。うまい話にあちこち手を出してコンセプトを変えまくったら、心眼力テストは不合格。うまくいっている人のコンセプトに嫉妬したり、上から目線で評論したりしたら、乗り越え力テストも重心力テストも不合格。

こんなテストが目の前に何度も現われるわけですが、これらをクリアする意識はたった1つ。それは、自分の売りとは、顧客層の悩みとは、その悩みを自分だったらどうしてあげられるかに集中することです。

また、これは、コンセプトができたら放ったらかしにするのではなく、定期的にコンセプトを振り返り、小さな改善策を発見することがコンセプトの鮮度を保つわけです。

新たな世界に進むには嫌われる勇気も必要

つくったコンセプトをビジネスにできるかどうかの分水嶺

「人間が変わる方法は3つしかない。1つ目は、時間配分を変えること。2つ目は、住む場所を変えること。3つ目は、付き合う人を変えることだ」―これは、経営コンサルタントの大前研一氏の言葉です。

住む場所を変えるのは、家族がいたりすれば、自分だけの問題ではないので、ちょっと難しいかもしれませんが、1つ目は習慣を変えればよいし、3つ目は新たな学びやコミュニティーに参加するなどすれば、自然と変えることができます。

実際、多くの人が、新しい自分になろうとして、新たな学びやコミュニティーにお金と時間を投資しています。

私も、これまで、新たな学びを種にしてコンセプトをつくりたい、ビジネスにしたいという方々をたくさん見てきました。

見事にその学びを経験と掛け合わせてコンセプトにした方もいますが、多いのは、学んだ仲間と同じことをした結果、周りに埋没してしまい、ビジネスにならないケースです。

私は、この仕事を始めたとき、人と同じことをするほど選ばれる確率が減るのに、なぜ、わざわざ他と同じことをしようとするのか、不思議でしかたありませんでした。

しかし、多くの人のサポートをしてきて、今はその原因が手に取るようにわかります。

それはどんなことかというと、

・人と違うことをして、後ろ指を指されるのが怖い
・人と違うことをして、孤独になるのが耐えられない

という心理です。

実際、あなたに変わって欲しくないから、あなたを側に置いて自分を安心させていたいから、あなたに成功して欲しくないからと、足を引っ張る人はたくさんいます。

同じ仲間同士で助け合いながら成長していくことは美しいことです。

しかし、だからといって、その輪の中が窮屈なのに抜けられないのだとしたら、それは、あなたに嫌われる勇気が不足している証拠なのです。

自分のコンセプトを形にしてビジネスにできれば、多くの人が望んでいる時間的な自由、経済的な自由が手に入ります。

しかし、世界の３大心理学者アドラーに言わせれば、自由というのは、他者から嫌われることでもあるのです。

新たなコンセプトを形にして、新しい現実を生きようとするとき、慣れ親しんだ仲間や環境から決別することを求められることがありますが、そのとき、この嫌われる勇気をどこまで持てるか、それが、コンセプトをビジネスにできるかどうかの分水嶺です。

自分でないものになろうとしてはいけない

誰でも、自分が持っている雰囲気、世界観、温度、波動というものがあります。

あなたも誰かを見ていて、「あ、この人は〇〇業界っぽいな」「この人だったら、こんな人が頼りにするかも」と思ったことはありませんか。

こういうものは、あなたが生まれて、家庭環境や仕事環境の中で少しずつ刷り込まれ、あなたの中に染みついた価値観が外に現われたものです。

ところが、人は、自分のことが一番わからないと言われるとおり、その雰囲気に合わない道を選ぼうとする人も結構多いです。

どう見ても人を引っ張っていくタイプなのにカウンセラーになろうとしたり、どう見ても感覚派なのにロジカルな説得力で勝負しようとするなどです。

そして、こういうのも誰かから借りてきた価値観を自分の価値観より優先させていることなのです。

しかし、繰返しになりますが、自分以外の価値観をベースにコンセプトをつくったとしても、それでは絶対に結果が出ません。

「その学び仲間ではそれが普通だから」「それが儲かりそうだから」という理由で決めたコンセプトだと、当人は自覚がなくても、驚くほど説得力が出ないものなのです。

したがって、コンセプトを決めるまでの暗中模索で苦しいときから逃げないことです。その試行錯誤があるほど自分のコトバになるものだし、誰にも真似できない説得力に変わるものです。

安易な道を選んで栄養不足で花を咲かすより、試行錯誤と実績の土台の上に咲いた花のほうが、力強く生きられるはずです。

最強コンセプトを生み出す逆説のマインド術

真理は世間の逆説の中にある

選ばれるコンセプトとは、「強み」「顧客ニーズ」「他と被らない」３つの重なりの中にあると前述しました。

しかし、多くの人が、その発見の前に現われる幻想によって、本当のコンセプトを見逃してしまいます。

では、なぜ、そんな幻想によって真実を逃してしまうのかというと、それは、「真理は逆説の中にある」からです。

逆説とは、真理と反対なことを言っているようで、よく考えると一種の真理を言い表している説のことをいいます。

例えば、「負けるが勝ち」「急がば回れ」などですが、このような逆説は、一見、矛盾しているようで実際には真理を突いていることが多いですよね。

これと同様に、ビジネスでは、こんな逆説的なことがよく見受けられますが、その最も典型的な例は、「すぐに、簡単に、誰でもうまくいくことは、結局、誰もうまくいかなくなる」ということです。

あなたも、「すぐに、簡単に、誰でもうまくいく」という意味のコピーを時々目にしませんか？

このようなことを打ち出すと、実際、多くの人がそれに飛びつくので、知っている人はこれを応用したコピーをよく使います。

問題は、それが本当なのかですが、これは、厳密に言うと、「すぐに」「簡単に」は、もし、それをやる人がその才能に溢れていれば、当人はすぐに簡単に結果が出ると感じられるはずですからウソではありません。

しかし、「誰でも簡単」となるとどうでしょう？

確かに、誰でも簡単にできるものはあります。ただ、誰でも簡単なら、多くの人がそれに飛びつくので、あちこちで見かけるようになります。

すると、段々「なんだ、ここにも同じようなのがあるぞ」と飽きられて、売れなくなってしまったり、あるいは、流されやすい人達の間だけで一時的に流行るなどした後、下火になっていきます。

そして、これに対する真実とは、「誰も簡単にできないようなことができるから選ばれる」です。合格率数％の難関を突破した人だから、コーチングで食べていくのは難しいのにそれを実現したから、そんなの無駄だと言われ続けた技術に投資をし続けて新しいジャンルを創造したから…。

そんな誰でもできないようなことをやってのけたから、人はその人にお金を払ってでも教えて欲しい、サポートして欲しいとなるのです。（こう書くと、超当たり前のことですね）

そして、このようなことに共通するのは、最初、それらは皆、途方もないチャレンジに見えたり、前例がないから誰も見向きもしなかったりするということです。

そして、真実が見えずに、幻想に手を出してしまうのです。

最強コンセプトが訪れる瞬間

では、この真実をあなたの最強のコンセプトを見つけるために応用するとしたら、どうなるでしょう？

それは、あなたの最強のコンセプトとは、

・誰も挑戦していなかったやり方や領域で、
・それがうまくいくか、市場性があるかどうかは、最初の時点では予想がつかず、
・これまで無視か軽視されていたもの

の中にあるということです。

これは、スタートアップ界の神として知られるポールグラハム氏の言葉を応用したものですが、つまりは、「周りは難しいとか売れるわけないと言うが、自分にとっては普通のこと」を追求する中で、当初は何をコトバにすればよいかすらわからなかったことが、段々と最強コンセプトになっていくということです。

そして、それに気づく瞬間は、きっと拍子抜けするほどあっけなく、シンプル過ぎて戸惑うコトバのはずです。

したがって、繰返しになりますが、初めて生み出すコンセプトは、うまくいくかどうかの予見などはあまり考えず、まずは出してクライアントとかかわりましょう。

その後、逃げずにコンセプトに向き合えば、やがて最強コンセプトに気づく瞬間が必ず訪れるものです。

決めるから現実が動く！

本書も、いよいよ終わりが近づいてきました。

ここまで、いかがだったでしょうか。

最後に、このコンセプトで行こう　と決めることについてお話します。

コンセプトのお手伝いをしていると、なかなか決められずに、前に進めなくなるときがあります。

私は、そのようなときに、「行動が大事」とか、「動きながら考えよう」などとは一言も言いません。

また、私も、自分のコンセプトを打ち出すまで、ぐずぐずと悩み、あれこれコトバをいじくり回し、こうして偉そうなことを書いているのに、きっと、進歩は人より遅いと思っています。

そんな私なので、あれこれと迷うあなたの気持ちは、十二分にわかります。

しかし…。

私は、決めたらあまり迷わずにその道を進みますよ。

なぜ、進めるのかというと、決めたら現実が動くことを知っているからです。

また、それが本物であるほど、必ず試されるようなことが起こります。

私は、周到な独立準備の後、いよいよ退職願いを出そうとしたときに全治3か月の骨折をしました、初めての自主開催セミナーは半年間うまくいきませんでした。

また、実を言うと、最初の出版も、当初11万字を書き上げて出版時期まで決まっていながら、土壇場でボツになった経験もあります。

さらに言えば、広告業界にもすぐには入れなかったし、ずっと望んでいた商品開発の仕事ができたのは、それを望んで何年も経った後、ようやくだったのです。

それでも、今、こうして幸せに仕事を楽しんでいるし、骨折をはじめとする出来事は、すべて後になってそれがベストタイミングだったと心の底から思えています。

また、私は、このようなドン亀のような進み方ですが、だからこそ、なかなか進まない人の気持ちがよくわかるし、コンセプトをつくる試行錯誤を散々したから本書が書けたのです。

もし、あなたが試行錯誤を経てコンセプトを決めようとするとき、私のようにいろいろなことが起こっても、決して諦めないでください。

不思議なものですが、そのコンセプトを出すことによってもたらされる効果が大きいほど、まるでそれを邪魔するかのように、小さな壁やトラブルが次々と現われるものです。

しかし、それらの壁やトラブルは、すべてあなたが決めたコンセプトを現実にするためのプロセスに過ぎません。

そのコンセプトが理想の現実になるために、クリアすべきこと、詰めておかねばならないこと、もっと覚悟を持たねばならないことを、あなたに示しているのです。

小さな壁やトラブルをクリアして、細かなところまで詰めて、もっと大きな覚悟ができたとき、そのコンセプトはいよいよ本物になるわけです。

決めたら現実は動きます。

その結果がよかろうが、一見悪かろうが、それにすべて責任を持つ、その気持ちさえあれば、あなたは誰も真似のできない、あなただけの最強コンセプトに出会えるのです。

ぜひ、それを信じて、コンセプトをつくりましょう！

最強コンセプトで仕事ができると、競争のない自由な世界の中に生きている実感が心の底から湧いてくるものです。

あとがき

この「あとがき」を書いているほんの少し前、私は、クライアントとコンセプトワードの案出しをしていました。

カウンセラーさんだったので、ネガティブな心理状態をもとに戻す意味のあるコトバを一緒に探していましたが、それは、「クリアになる」「浄化する」「外れる」「反転する」「脱出する」「打破する」「抜ける」「デトックスする」など、ベネフィットワードの動詞です。

動詞だけでそんなに案を出すのかと思われるかもしれませんが、そのカウンセラーさんの顧客層は、「ネガティブな心の状態を何とかしたい！」と藁をもつかむ気持ちでいます。

そんな彼らの感覚に刺さるには、クリアになると言えば近いのか、外れると言ったほうがもっと近くなるのか、そこまでのコトバのフィット感が大切なのです。

また、私は、広告会社に勤めている頃から、商品のコトバを大切にする人や企業とそうでない所との差を痛切に感じていました。

当然、コトバを大切にするほうが伝える力は強くなり、コトバをもとにしたデザインや世界観にブレもなく、やがてそのコトバが顧客の間で1人歩きを始めます。そうなるほど、そのコンセプトの商品やサービスは、自然と申込みが入るようになるのです。

そして、もし、あなたが、自分のオリジナルで競争を越えていきたいのなら、ぜひ、本書に紹介したコンセプトワークを実践してみてください。

20秒コンセプトにコトバを出し入れして短くする、他プレーヤーの表現を見てリード文を考える、それを人に伝えて反応をもらう。そして、「てにをは」レベルまでコトバを突き詰める。

こんな作業を繰り返すうちに、あなたのコンセプトが磨かれることはもちろん、世にあるサービスがなぜ売れるのかまで見通せるようになっていくはずです。

最後に、事例として掲載にご協力をいただいた、マグロ漁船式人材コンサルタントの齋藤正明さん、メディカルNLP五感トレーナーの廿日出庸治さん、フォトセラピストの中野さちえさん、心理セラピストの江上ユキさん、ランニングコーチの有村尚也さん、ライフチェンジスタイリストの久芳奈苗さんに感謝を申し上げます。

また、出版販促コンサルタントの山本豊さんには、構想から販売までたくさんのアドバイスをいただきました。同じく、スーパービジネスマン養成講座の吉江勝さん、株式会社アイ・コミュニケーションの平野友朗さんにも著者としての姿勢から企画・販促まで貴重なアドバイスをありがとうございます。

本書が、読者の皆様ご自身のコンセプトの進化に役立てれば幸いです。

本書の感想や質問があれば、hougetsu@mbr.nifty.com 宛にご連絡ください。

２０１８年1月吉日

芳月　健太郎

著者から読者のあなたへプレゼントです！

書籍だけではどうしてもわからない、文字だけでなく動きや音声で
コンセプトワークを理解したい！という読者様のために、
『自然に売れる！最強コンセプト徹底解剖・スライド動画メール講座』を
先着200名様に無料でプレゼントします。

●最強コンセプトのつくり方 ＜全体像＞

●売れるコトバを発掘する検索方法と連想力

●絶対売れる差別化とコンセプトの関係　…etc,

など、5回のステップメールで、順次スライド動画をダウンロードいただけます。

お申込みは簡単です。

下記URLにアクセスして、下記に記載してあるパスワードを入れ、

申込みフォームに①お名前　②メールアドレス　③パスワードを入力するだけです。

URL　　　：http://planning-coach.com/books/1017.html
パスワード：idea20 ※英数小文字（あいであにじゅう）

※プレゼントは先着順とさせて頂きますので、お早めにお申込みください。
※プレゼント内容が予告なく変更、終了となる場合がございます。
※本プレゼントのご請求は、電話やFAXなどでは受け付けておりませんので、
ご了承ください。

取材、感想、お問合わせ等は下記によろしくお願いします。

お問合わせ先：芳月健太郎公式サイト
http://planning-coach.com/contact
（公式サイト： http://planning-coach.com）

著者略歴

芳月　健太郎（ほうげつ　けんたろう）

博報堂グループなど23年の広告業界経験を経て、株式会社ライフワーカー＆アソシエイツを設立。ずっとやりたかった商品開発の仕事が中止に追い込まれ働く気力を失いかける。どん底の中、商品開発ノウハウを個人に応用することを思いつき、「知識とスキルを売れるブランドに変える方法」で2014年、自ら起業。これまでコンサルタント、講師、セラピスト、経営者、作家、士業、トレーナー、大学教授など、700人以上のビジネスをサポート。「集客方法を一切変えずに売上が2.5倍になった」「集大成となる講座が完成した」など、主宰する講座はリピート率5割〜7割になる。また、プランナー時代に培ったスケジューリング術で、「クライアントが倍になっても働く時間が減った」などと喜ばれる。ブレずに自然にできるコンセプトワークで受講生の7割以上が高額契約を達成している。

著書:「時間デザイン〜A4・1枚!! 年収5倍の時間の描き方（同友館）」「企画で勝負をしている人のアイデアのワザ（明日香出版社）」

最強コンセプトで独立起業をラクラク軌道に乗せる方法
ー起業1年目で年収1,000万円を超える！　広告業界・企画のプロの“コトバの法則”

2018年2月22日　初版発行　　2022年10月5日　第6刷発行

著　者　芳月　健太郎　© Kentarou Hougetsu

発行人　森　　忠順

発行所　株式会社 セルバ出版
〒113-0034
東京都文京区湯島1丁目12番6号 高関ビル5B
☎03（5812）1178　FAX 03（5812）1188
https://seluba.co.jp/

発　売　株式会社 三省堂書店／創英社
〒101-0051
東京都千代田区神田神保町1丁目1番地
☎03（3291）2295　FAX 03（3292）7687

印刷・製本　株式会社 丸井工文社

Printed in JAPAN
ISBN978-4-86367-398-4